卓球マニア濃縮エキス

卓球天国の扉

卓球コラムニスト
伊藤条太

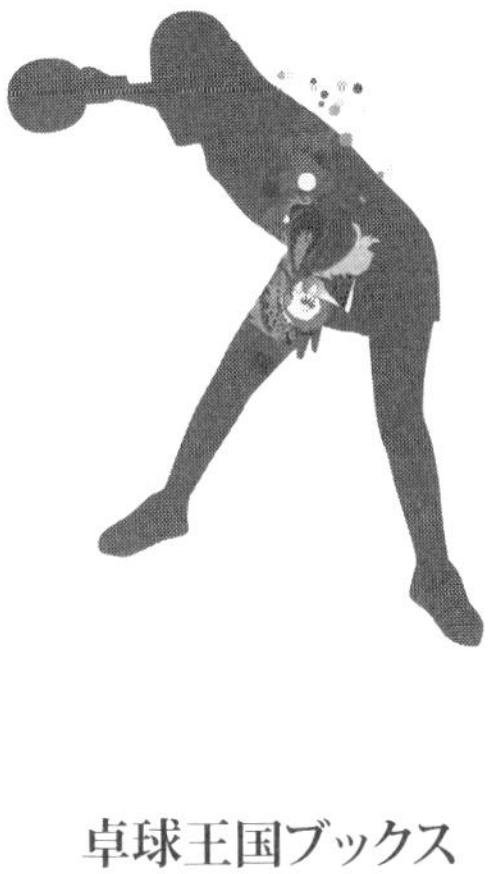

卓球王国ブックス

卓球天国の扉

昨年の暮れ、あるママさん卓球クラブの忘年会に招かれ、参加させていただいた。いらしたのは四十代後半の方々六名で、ご自分たちの年齢にかけて「更年期48でーす」などと言う、とても陽気で元気な方々であった。

彼女らには年齢以外に特筆すべき特徴があった。それは卓球の実力だ。若い頃にインターハイや国体に出た、もしくはそれに匹敵する実績を持った方々ばかりだったのだ。強い人に対するコンプレックスがある私としては当然「どうやってそんなに強くなったのか」と一人ずつしつこく聞くことになる。

その結果、期待していたのとは別の意味で非常に考えさせられるお話を聞くことができた。参加した六人のうち、三人までが中学校あるいは高校時代に指導者にめちゃくちゃにシゴかれ、指導を受けていた当時は指導者を心の底から憎んでいたというのだ。中でもお二人の口から出た言葉は「本当に死ねばいいと思っていました」という過激なものだった。そんなに嫌なら止めればよかったじゃないかというのは大人だから言えることで、実績のある部で、しかも親まで期待している状況となれば、女子中高生が言い出せなくても無理もないだろう。

中でもHさんの話は特に考えさせられた。彼女が卓球を始めたのは小学校五年生の時だった。通っていた珠算教室の一室に卓球台が置いてあり、先生がときどき卓球大会を開いてくれたのだ。その大会でHさんは一番になり、卓球が大好きになった。中学校に入ると迷わず卓球部に入ったが、そこには熱狂的な顧問と外部コーチがいた。その指導方法は徹底したスパルタ式で、練習では常に怒鳴られ、ボールを体にぶつけられラケットで太ももを叩かれることが日常的だった。練習時間は平日は夜六時か七時まで、土日は朝から夕方まで練習。「一日休むと取り戻すのに二日かかる」との考えのもと、テスト期間中も「自主練習」の名目で練習が続けられ、一年を通して練習がなかったのはお盆と正月の四日間だけだった。大会前ともなれば七時からの朝練習も加わり、スパルタは激しさを増した。何より辛かったのは、何を怒られているのかわからなかったことだ。次第に卓球に対する情熱は失われ、抜け殻のような状態で最後の中学総体を迎えた。

県大会の団体決勝でHさんは、勝って当然の相手にシングルスとダブルスの両方を落として優勝を逃した。だがHさんにはその試合の記憶がない。試合内容はおろか、その前後の様子を何一つ思い出せないのだ。ただ、自分が勝てる相手に負けてチームが負けたという事実だけが記憶されている状態だ。あまりに辛い思い出のためか、大会前から放心状態だったためなのかはわからない。おそらくその両方なのだろう。

高校では周りに勧められるままに卓球を続けた。指導者はおらず、特に熱中するでもなかったが、運よくインターハイに行くことができた。得難いチームメイトにも出会え、楽しい部活動だったが、卓球そのものについては惰性だった。

その後、就職、結婚、出産と、卓球から離れていたが、子育てが一区切りついた八年前に卓球を再開した。健康のために始めた卓球だったが、大会に出ることがきっかけで、本気でやろうと思い始めた。真剣に卓球に向き合ったとき、初めて勝負の厳しさがわかってきた。また、自分が親になって子どもを叱ることの労力がわかった今、かつてのコーチが自分たちに注いだ情熱と労力の重みがわかってきて、それに応えることができなかったばかりか、応えようとさえしなかったことに対する自責の念にとらわれ始めた。

あるとき、すでに指導の現場から退いていたかつてのコーチが、ある試合会場に顔を出すという噂を聞いた。Hさんは、どうしてもそのコーチに謝りたくて、試合会場に出向いた。ほどなくフロアから観客席にその人の姿を見つけた。およそ三十年ぶりに見る鬼コーチは額が少し広くなり、ひとまわり小さくなったように見えた。ドキドキしながら何度も行きつ戻りつしながら近づき、やっとの思いで「コーチ、ご無沙汰しています。B(旧姓)です」と声をかけた。途端に涙があふれて言葉にならない。コーチはすぐに察し「あそこで負けるとは夢にも思わなかった。オーダーもバッチリだった」と言い「誰も悪くなかったんだ」と続けた。Hさんは泣きながら「すみませんでした」と言うのがやっとだった。

Hさんは今ではとても楽しく卓球をしている。誰からも強制されることなく週に三日は練習をし、それでも足りずに日に二回やることもある。そんな楽しい毎日ではあるが、あの中学時代の試合のことが今も心に引っかかっている。

「四十八年間の自分の人生で、ひとつだけやり直せるとしたらあの決勝戦の日に返って、悔いのない試合をしたい」とHさんは語った。

なんと切ない話だろうか。珠算教室で卓球と出合い、踊るような気持ちで卓球を始めた少女が、なぜ卓球が嫌いになるような目に遭わなくてはならなかったのか。なぜそれほどまでに悔いるような選手生活を送らなければならなかったのか。勝つためにはそのようにしなくてはならないのだろうか。

そんなことはない。本当は誰でも叱られるより誉められた方が能力を発揮できるのだ。指導者が選手を叱るのは、それに効果があるからではなく、単に腹が立つからに過ぎない（勉強が解らない子を親や先生が叱るのも同じ理由だ。解らない子が叱られて解るようになることは万にひとつもない）。怒りという自分の感情を正当化するために「強くなるためには叱ることに効果がある」と理屈をつけているだけなのだ。実際に強い学校はスパルタであることが多いが、だからといってスパルタが正しいことにはならない。そもそもそういう学校は有望な選手を集めて練習量や環境を確保をしているから勝っているのであり、スパルタだから勝っているわけではないのだ。

Hさんは、今では元コーチに対して感謝の気持ちしかないという。勝負の厳しさを知っ

た今となっては、勝つためにはあのような指導が必要だったと思うからだ。そう言うHさんに対して私は

「そんなことはありません。選手を叱るより誉めた方がもっと強くなります。実際にそういう人はいます」

と言って、大橋宏朗先生（北海道・長万部中学校校長）の話をした。生徒を誉める指導で、中学校から卓球を始めた生徒だけで公立中学校を男子団体で道大会どころか全国中学校大会の準優勝まで導いた先生だ。

その話をするとHさんは「私もそういう先生に教えてほしかったです」と言って忘年会の席上、泣いた。Hさんは本当は楽しく卓球をしたかったのだ。

Hさんと同じような辛い経験をし、今でも卓球界に戻って来ていない、かつての卓球少年少女たちが全国にはたくさんいるのだろう。たしかに卓球にはそういう側面がある。しかし本来卓球は底なしに楽しいものだ。楽しむべきものだ。

かつての卓球に対するいろいろな思いは脇に置いて、ちょっと勇気を出して目の前の扉を押してみよう。その向こうには卓球天国が広がっている。

目次

第一章　卓球メジャー化大作戦

第二章　卓球・妄想・卓球

第三章　卓球の常識を疑え！

第四章　卓球本悦楽主義

第五章　追憶の卓球

装幀・本文デザイン／**(株)**クリエイティブ・コンセプト
本文イラスト／**伊藤条太**

第一章

卓球メジャー化大作戦

女子卓球のスカート化

先日、二人の方からほぼ時を同じくして似たような話を聞いた。ひとつは、知人の娘さんが中学生になったのだが、部活動を選ぶにあたって卓球とバドミントンとで迷い、結局バドミントンにしたという話だ。なぜ卓球は止めたのか聞くと「ウェアがスカートじゃなくて可愛くないから」だという。

もうひとつは五十代の男性で、ご自身は卓球経験がないものの、息子さんを卓球クラブに通わせてホープスで全国クラスにまで育てた方の話だ。卓球に入れ込むにつれ心を痛めているのは、世間での卓球への注目度の低さであり、その一因が女子のウェアがスカートではないことだと熱弁してくれた。通常の私ならエロおやじのたわごとと笑い飛ばすところだが、先に女子中学生の話を聞いていたことと、この方がもともと卓球界の外にいた人であり、なおかつ極めて常識的で信頼のおける方であったことから、私は彼の話を笑うことはできなかった。

確かに、もしもテニスやフィギュアスケートの女子選手がすべて短パンだったらと想像してみると、少なくとも見る立場からはスカートの方が魅力的だということには議論の余地がないだろう。こういうことは卓球界の内側にいるとなかなか気づかないものである。正直な話、私自身はスカートの卓球が魅力的だとは思わないし、女子の短パン姿も結構……それはよいとしてだ、この際卓球人は女子自身を含めて自分の感覚は信用せず、卓球人口（競技人口および観戦人口）増加のために、女子選手のスカート化を真面目に検討してみる必要があるのではないだろうか。

卓球人口が増えればメーカーやショップが潤い、今より多くの店で卓球用品を買うことができるようになる。卓球場も増えるし、コーチ業などの関連ビジネスも潤う。テレビの視聴率も上がりスポンサーも増えるだろう。卓球王国の売り上げも伸びて、私の原稿料も上がるという寸法だ（ウワハハ）。

そこでまず、テニス、ソフトテニス、バドミントンのウェア事情を調べてみた。いずれの競技もルール上はスカートでも短パンでもよいことになっていた。発売されている女性用ウェアを調べてみると、意外にもスカートと短パンの製品数は同じくらいかスカートの方が少ないくらいであった。従って、実際のスカート着用率は半分以下であると思われる。にもかかわらず、一般にテニスとバドミントンがスカートだと思われているのは、テレビに映るようなトップ選手やマンガなどでスカートが多いからだと思われる。実際、ネットで画像検索をしてみるとトップ選手のスカート率は圧倒的に高かった。

これに対して卓球は、スカートも存在しているにもかかわらず、トップ選手でさえ着用している人はまれであるため、一般的には卓球といえば短パンだと思われているのが実情である。

女子はこの印象に基づいてスポーツを選ぶから、スカートを穿きたい人は卓球を選びにくく、スカートを穿きたくない人はテニスやバドミントンを選びにくいという「棲み分け」が起こり、そのために卓球の非スカート化が定着しているものと思われる。

そこで提案だが、とりあえずテレビに映るような試合、つまり全日本選手権や世界選手権、バラエティ番組に出る女子選手にスカートを義務づけてみてはどうだろうか。これは卓球の未来すなわち卓球で生きていくかもしれない彼女ら自身の未来のためでもあるから、もはや好みの問題ではないのだ。

これによってテレビ映りは良くなるだろうからひとつの目的は達成される。さらにこれを続ければ、数年後の女子中学生にとっての卓球の印象は変わり、スカートを穿きたい人も卓球を選びやすくなるだろう。逆に、スカートを穿きたくない人は卓球を選びにくくなるだろうが、そういうネガティブな理由で卓球を選ぶ人はどのみち定着はしないだろうから、重視しなくてよいと考える。さらに、卓球のスカート化は、卓球を選ぶ女子の数だけではなく質にも影響を与えるだろう。だから何だと言うわけではないが……（これ以上は恐ろしくてとても書けない）。

冒頭の女子中学生の話に戻るが、その学校にはそもそも女子卓球部がなく、迷う必要がなかったというのがオチである。しかし笑っている場合ではない。その地域ではそれだけ卓球に人気がなく、すでにスタートラインから外されているということなのだ。

状況は待ったなしである。日本卓球協会は、主要大会のスカート化をぜひ検討してほしい。

誰も知らない卓球

近年、女子選手の活躍によって、卓球がメディアに取り上げられる機会が劇的に増えた。世界選手権ともなれば連日テレビ放送され、今や卓球はメジャースポーツの仲間入りを果たしたかのようだ。しかし、その真の姿はいまだに大衆に正しく伝えられているとは言い難い。

たとえば実況放送のアナウンサーは、現代卓球でもっとも重要な打法であるドライブについてスマッシュと区別がつかないのがお決まりである。あまりにも定着しているので、たまに正しく実況されると調子が狂うほどだ。サービスで頻繁（ひんぱん）に使われる横回転についても、そんなものは存在しないかのように触れないし、横下回転や横上回転などは論外である。実際にはその差こそがサービスの威力そのものであり、卓球選手はその巧拙（こうせつ）を競っているほどなのに、それらはまるで社会の恥部ででもあるかのように大衆からひた隠しにされているのだ。

そういう卓球の醍醐味（だいごみ）を伝えない一方で、卓球界で誰一人使わない「ショット」「逆クロス」「ロブ」「スライス」などのテニス用語を使うのだから頭が痛い。先日の全日本の放送では、あろうことか「ダウンザライン」（サイドラインに沿ったコースのこと。卓球のフォアストレートまたはバックストレートに相当する）とまで口走ったそうだ。テニスに恨(うら)みはないが（実はある）、卓球の試合会場に来てテニスの解説をしようという破廉恥(はれんち)な考えは今すぐに改めてもらいたい。

アナウンサーばかりか、卓球の専門家であるはずの解説者が率先して妙なことを言う場合もある。ある世界選手権の実況で解説者が「ボレー」（コートに弾む前に直接打つこと）を連発していたのだ。卓球の世界選手権でボレーをするバカ者がどこにいるというのだ。この解説者はテニス協会からのまわし者に違いないので、こうなったらこちらからもウインブルドンに解説者を送り込み「前陣速攻」「三球目攻撃」「ツッツキ」「フォア前」を連発してやる必要があるだろう。

科学的な番組ならまともかと思えば、残念ながらそうではない。科学以前に卓球の知識がなさすぎるのだ。

岸川聖也のバックハンドの秘密に迫るという番組では腰を抜かした。岸川のバックハンドドライブと筑波大学の学生のつなぎのバックハンドの回転数をわざわざ測定し「岸川の方が二倍も回転量が多い」と結論しているのだ。スポン（腰を抜かした音）。イチローのホームランと学生のバントを比べて「飛距離が違う」と言っているようなものだ。ダシにされた谷村選手もまさかこんな目的で撮影されていたとは夢にも思わなかっただろう。

　そのサービスの解説では、どういうわけだか下回転サービスを「上向きの回転」、横回転サービスを「セカンドサーブ」と表現するという、素晴らしいひねくれ具合であった。よほどディレクターの虫の居所が悪かったのに違いない。

　水谷隼の特集でも驚愕（きょうがく）した。水谷が得意とするナックルドライブが効く原理が「台に弾んだ後の軌道が高くなるので相手がネットミスする」というのだ。ガコッ（顎（あご）が外れた音）。ナックルドライブの軌道が高くなるという話は初耳だし、軌道が高くなるとネットミスをするというのに至っては一体どういう理屈なのか見当もつかない。

　さらに、水谷が吉田海偉からサービスエースをとった場面の解説では、サービスが効いたのは「台に弾んでからボールが曲がったから」というのだからバカにしている。素人（しろうと）じゃあるまいしそんな理由で吉田がミスすると思うのかっ！　卓球では実力が伯仲している選手同士の場合、ボールの軌道の変化など想定の範囲内であり、むしろ軌道で判別できない回転の差こそが勝敗を分けるのだ。

　卓球における回転の威力とは、ボールの軌道ではなくラケットからの反射角度なのであり、それこそが卓球競技の本質なのである（ワルドナーのボールを除く）。そういう、卓球をやっている者なら中学生でも誰でも知っていることをスポーンと無視し、無理やりボールの軌道だけで説明するからこういうトンチンカンなことになるのだ。わからないならどうして私にひとこと聞いてくれなかったのだろうか（聞かれるわけないが）。

　他にも、スマッシュのスピードが時速二〇〇キロだとか、卓球選手は打球音だけで回転の種類がわかるとか、とにかく体に悪い「科学的番組」が多すぎる。

　こういう状況が許されているのは、結局は卓球がまだまだマイナーだからである。卓球ファンがテレビ放送を安心して見られるようになったときこそが卓球が真にメジャーになったときだと言えるが、果たしてそういう日は来るのだろうか。

テレビ東京万歳！

二〇〇五年からテレビ東京が世界選手権の放送を始めたのは卓球界にとって画期的なことだった。それまでは、テレビに卓球の試合が映るといえば、年に一度の全日本選手権の一時間半と、かつては二年に一度だった世界選手権を夜中に録画でひっそりと一時間半ぐらいをNHKがやる程度であり、民放局が卓球を取り上げるなどということはほとんどなかった。仙台で放送されたものに限って言えば一九九一年に第二回IOC会長杯が長野であったときに信越放送が放送したのが唯一の例外である（それほど珍しいことだったのだ）。それだけ卓球は視聴率が取れないと思われていたということである。それが今は一時間半どころか連日の放送で、その内容もいかにも民放らしいエンターテインメントあふれるものであり、我々の卓球が、新しい装いにデコレートされるのを見るのはなんとも心躍るものであった。

もっとも印象に残っているのが二〇〇六年ブレーメン大会の放送だ。登場する選手たちに面白いニックネームがつけられたのだ。「音速のチャイナスマッシュ、リ・ジャウェイ」「ドライブ魔術師、バイダ」と、まるでプロレス並みで、これがとても面白かった。「ロシアンカッター1号、2号」「スマッシュの鬼」「トップスピン魔女」「ザグレブの天井サーブ」「卓球進化論」「ブロンド鉄仮面」「スロバキアの巨神兵」「中国産重戦車」「テキサスの熟女学生」「ビクトリア暴走機関車」と、どれもこれも卓球界では一度も聞いたことのないハチャメチャなネーミングだが、アナウンサーは「ドライブキャノン砲と呼ばれております」なんて言ってる。「誰がそんなことを言っているのか」とか「熟女学生のどこが卓球に有利なのか」とか「暴走機関車じゃボール入らんだろう」とか、突っ込みどころも満載だ。中でも最

高だったのは「〃中国五千年の大和魂〃金沢咲希」だ。よくもこんなバカバカしいコピーを考えつくものだ（だいたい、中国なら四千年だ）。さらにハンガリー戦での福岡春菜の失格というアクシデントさえも、〃標的にされたのか？〃とナレーションを入れてドラマを盛り上げてしまう抜かりのなさ。日本選手や対戦相手の日常生活やインタビューを挿入する手間も惜しみなくかけている。照英、大橋未歩といったキャスターも素直な感動が伝わってきてとても良かった。

卓球の世界選手権がこれだけコマーシャルに放送されたのは日本卓球史上初めてのことであり、まさに歴史的な放送であった。その上、信じられない高視聴率。放送があった週の週間視聴率では、スポーツ部門のベストテンに世界卓球が四回もランクインしている。特に準決勝の香港戦は十二・九％をマークし、同日の巨人×中日戦の九・四％を上回った。この偉業の主役である福原愛、そのきっかけを作ったフジテレビと、ここまで強くなった日本女子、そして見事な番組を作ったテレビ東京にあらためて拍手を送りたい。

なお、当時は女子に比べて男子は実力が今ひとつ（十四位）の上に、福原や石川佳純のようなスター選手がいなかったため、さすがのテレビ東京も男子の放送はほとんどしなかった。そのため「男子の世界選手権はやっていないのか」という話が職場で聞かれたほどだ。仕方がないこととは思いながらも「今に見ていろ」と思ったものである。何が「今に見ていろ」なのかわからないが。

その後男子は、水谷を中心としたチームで実力を上げ、二〇〇八年広州大会から二〇一四年東京大会まで四大会連続で男子団体で三位に入る活躍を見せている。それでもスター選手が続出する女子ほどの話題性はないが、ときどきは「お前ら正気か?」と言いたくなるような途方もない男子のラリーがゴールデンタイムにお茶の間に届けられる事態となっている。まったく素晴らしい時代になったものだ。

唯一残念なのは、仙台ではテレビ東京の放送を見ることができず、世界選手権の最中も私の周りの一般の人の間ではほとんど話題になることがないということだ。なんとかならないものだろうか。

愛ちゃんの〝サー〟

今でこそ石川佳純や水谷隼がテレビで特集されたりすることがあるが、ほんの数年ほど前までは、卓球がテレビのニュースやワイドショーで取り上げられるといえば「愛ちゃん」こと福原愛のことばかりであった。全日本選手権でのダブルスの試合の様子を映す場面での取り上げ方などあからさまで、愛ちゃんのアップばかりを映して、対戦相手はおろかパートナーですらときどき手とか足がフレームに入る程度であった。不公平だなどといっても始まらない。民放テレビ局は営利企業である。「愛ちゃん以外の卓球選手も映せ」ということは「売れない商品も店頭に置け」といっているのに等しい。愛ちゃんがいなければ、卓球がワイドショーに取り上げられることもなく、パートナーの選手は文字通り「手も足も出なかった」ことだろう。

ところで、愛ちゃんの〝サー〟という掛け声だ。今は飽きてしまって話題にされることもないが、二〇〇四年アテネオリンピックのあたりまでは随分と話題になったものだ。「あれはなんと言っているのか」「どういう意味なのか」という具合で、声紋分析までする番組もあったし、全国の卓球場の掛け声を取材した番組もあった。その結果は「北海道では愛ちゃんの〃サー〃がサーブにまで広まっている」「沖縄では〃サー〃ではなく〃ヨー〃だった」などという実にバカバカしいもので、いい加減にしてもらいたかった。どうしてこんなはっきりしたことがわからないのか不思議である。もしかすると、ネタを引っ張るためにわざと結論を出さなかったのかもしれない。そういう意味では、意味を聞かれて、はぐらかし続けた愛ちゃんはいいセンスをしていたといえる。

愛ちゃんの掛け声は「良し」の意味の「よっしゃー」が「しゃー」と省略され、さらに「サー」と訛ったものであることは明らかだ。愛ちゃん本人がそう思っていないだろうが、歴史をたどればそういう語源に行きつくのだ。古舘伊知郎は「ヤッターのターではないか」と言っていたが、得点したときに「ヤッター」などと子どもじみて気の抜けた言葉を叫ぶ競技がいったいどこにあるというのか。卓球はそんなに特殊なスポーツだと思われているのだろうか。また、混乱に拍車をかけるのが「俺らはずっと前からサーブのときにサーと言ってるぜ」という人である。確かに卓球選手は、サービスのときに「サッ」とか「セッ」とか言うのだが、これは「さあ、いきますよ」の「さあ」であって、得点したときの掛け声とはまったく別のものである。考え直してもらいたい。

掛け声で思い出すのは、何年か前の世界選手権のテレビ放送だ。スウェーデンの選手が得点したときの掛け声「ヨー」を聞いたNHKのアナウンサーが「ははあ、人間が気合が入ったときに出る声というのは万国共通なんですねー」と感心していた。違うって(笑)。他に「ヨー」なんて言う競技があるかどうか考えてみればわかりそうなものだ。解説者も相づちを打っていたのにはがっかりしたが、この掛け声は正しくは「世界共通」ではなくて「卓球界共通」なのである。ビデオで確認したところでは、ヨーロッパのほとんどの強国、韓国、中国の選手が「ヨー」と「シャー」を使っている。これらいずれの国でも、これの語源と思われる単語はないし、選手自身も意味をわからずに使っている。これは、かつて日本が世界の卓球界を制覇したときの掛け声「よっしゃー」が指導や競技を通して世界中に広がったものと見るべきだろう。少なくとも、スウェーデンには日本で修行したステラン・ベンクソンが広めたことがはっきりしている。ただ、一九六〇年代に日本を追い越した中国までもが日本の影響を受けるというのはちょっと考えられないのだが、どう聞いても馬琳も「シャー」と言っているのが不思議である。

そんなわけで「卓球の掛け声は世界共通で〝ヨッシャー〟である」というのをフジテレビの番組『トリビアの泉』に応募したことがあるのだが、採用されなかった。掛け声にかこつけて、ロスコフと金擇洙のそら恐ろしいラリーをあわよくばお茶の間に放映してもらおうとビデオテープを送りつけたのだったが不発に終わってしまった。うーむ残念。

がんばれ四元！

四元奈生美の初エッセイ集『ファイナルウイナー』を買った。サブタイトルに「卓球界の革命児」とあるが、まだ卓球界を変えたとは言いがたいので、今のところは革命児というよりは突然変異というところだろう。

四元という選手を知ったのはまだ彼女がプロになる前だ。卓球雑誌で見たのだが、珍しい名字なので読み方がわからず〝シモト？　シゲン？〟などと思ったことを覚えている。それがヨツモトと読むことが分かったのは例の派手なユニフォームで〝デビュー〟してからだ（ちなみに私の弟はミツモトという……すいません関係ないです）。

私の四元への印象はとにかく取っ散らかったものだった。素っ頓狂(すっとんきょう)なユニフォームで全日本に登場してマスコミと審判長を刺激したかと思うと、いきなり中国にすっ飛んでって超級リーグに参戦。普通に考えれば間違いなく危ないヤツである。さらに可愛いというかセクシーというかこれも危ないルックスでスポーツ新聞を中心に紙面を飾り、フジテレビの『トリビアの泉』にはわけのわからないシュールな映像で登場。しかも実力は全日本混合複準優勝の本物。とにかくハチャメチャである。

この本を読んで分かったことは、彼女のこういった活動は、無謀なほどのポジティブ思考に支えられているということだ。「人生のすべてが青春時代」であり「誰かが止めてくれないと、死ぬまでこのまま青春時代を送ってしまいそう」と自分でもあきれるほどのポジティブ思考なのだ。当然、尋常ではないパワーが全身からみなぎってしまう。NHKの企画『街道てくてく旅』に抜擢されたのも、そのパワーを見込まれてのことだろう。

四元はこの番組で四〇二キロを歩き通したことによって〝今を一生懸命大切に楽しむことが、一番のパワーの源である〟と悟り、「これを名言として残しておきたい」と自分で書く（ちょっとそれは無理かと……）。ポジティブにもほどがある。そもそもプロになったのも「お前プロになれよ」という故・松本竜介のひと言で決めたそうで、プロにはスポンサーが必要であることすら知らなかったという。それで、あちこちの企業に電話をかけて「スポンサーになってください」と持ちかけて断られまくったという。聞いている方がいたたまれなくなる話だが、彼女はいたって平然と書く。

四元は極めて率直だ。本人がどこまで意識しているかわからないが、その率直さがときにユーモアをかもし出す。たとえば彼女は、自分の会社の名前を「その筋の先生」につけてもらったのだが、その名前「スポーツ・スタジオ・エントリーナオミ」に対する疑問を先生にぶつける。「スポーツ・スタジオといってもスタジオなんてやってないし、エントリーも意味がよくわからないんですけど……」もっともな疑問だ（笑）。中国では練習場の管理人のおじさんとおばさんが、明らかに素人なのに真剣にサービス練習をしていたことについて「こんなに黙々とサービスの練習をやって、目標は何なのだろう」と実もフタもないツッコミ。さらに小山ちれ（中国選手として女子シングルス世界チャンピオンになった後、日本に帰化して全日本選手権八回優勝）の掛け声「アンラッキッ」について「どのタイミングで言うのかわからない。なんでアンラッキーなのかも謎」と失礼スレスレ（いや、まんまか?）。思ったことを言わずにいられない四元の率直さが微笑ましい。

四元は今や押しも押されもせぬアイドルだ。しかし、ただのアイドルではない。かつて練習場に現れた小山ちれのオーラに打ちのめされ、卓球に人生を賭ける決心をしたことのあるアイドルだ。合宿で早朝から朝の三時まで、ときには夜が明けるまで練習をしたことのあるアイドルだ。そんなヤツは四元以外にいない。

スポンサー探しをしたときに「暗いから」と断られた経験を持つ四元は「卓球のイメージを明るくしたい」と力説するが、それは得策ではない。卓球は本質的に明るくはないし、物事の価値はなにも明るいことだけではない。「明るさ競争」などという、不利で無益な勝負は屋外スポーツか百ワット電球にでもまかせておいて、卓球は知的で楽しく魅力的なイメージであればそれでよい。そして四元は、そのユニフォームと美貌(びぼう)で、すでにそのイメージ戦略的役割を十分に果たしている。

卓球界は得がたい人材を得た。四元奈生美という突然変異の才能が、たまたま卓球を選んでくれた幸運に感謝しよう。がんばれ四元！

街道てくてく
with審判長
というのは どうだろうか

高校卓球界の統計学

卓球がマイナーだとかメジャーだとかいう議論がされることがときどきあるが、データに基づいて語られることはほとんどない。そこで以前、高校生の部活動を対象にして画期的な分析をしたことがあるのでここに報告しよう。根拠にしたデータは、平成十七年度の文部科学省発表の全国の高校生の人数と、高体連発表の各競技の加盟人数である。全国の高校生は三六〇万人で、卓球部員は七・二万人だから、卓球部員の割合は二・〇％となった。およそ五十人に一人が卓球部員ということになる。他のスポーツはどうだろうか。多い順に書くと、硬軟野球九・七％（男子）、サッカー八・一％（男子）、硬軟テニス六・一％、バスケット四・四％、バレー三・四％、バドミントン二・八％、陸上二・五％、体操新体操二・五％、以上が卓球より人口の多い競技である。卓球より少ない競技としては、弓道一・八％（女子）、ラグビー一・六％（男子）、剣道一・六％、ハンドボール一・一％、柔道一・〇％、ソフトボール〇・九％（女子）、水泳〇・九％と続く。まあ、だいたいそんなものだろうという結果だが、ひそかにライバル視していたバドミントンに差をつけられているところが悔しい。

次に卓球部員率の都道府県（以下県と省略）ごとの傾向を見てみた。卓球部員率が高いベスト3は、岩手四・三％、山形三・五％、山口三・二％となった。逆に卓球部員率が低いのは、大阪、沖縄、東京で、いずれも〇・九％であった。わが郷土の岩手県が日本一とは偉い。さすがである。しかしこの結果を見ると、なんとなく田舎ほど卓球部員率が高いだけのような気がする（ベストテンに東北から四県も入っているし）。ということは岩手県は日本一の……。また、卓球部員率が高い県の多くが人口の少ない県なのであるが、愛知県は人口が多くて卓球部員率も高いものだから、卓球人口は二位の埼玉県の三千八百人を大きく離して六千人と断トツでトップである。愛知県には日本の高校卓球人口の一割近くも棲息（せいそく）しているのだ。もうとんでもない、お話にならない卓球人口の多さである。素晴らしい。全員で本書を買ってもらいたい。

次に男女の比率について着目してみた。卓球部員のうち、女子の占める割合を計算すると、全国平均では、二十六・八％となった。男子三人に女子一人といったところだ。ちなみに、女子の割合が高い県のベスト3は、山口四〇％、和歌山三十八％、大分三十八％となる。逆に女子の割合が少ないのは、大阪二〇％、神奈川二〇％、京都二〇％である。これらの地域で部内恋愛をしようとすると、男子にとってはきわめて困難な競争率となる。大阪、東京は、卓球部員率そのものも低いので、女子だけの卓球部員率を見ると、大阪〇・三六％、東京〇・三九％となり、とてつもなく低い。大阪で女子高校生に声をかけても、卓球部員は二八〇人に一人しかいないのだ（声をかける必要もないが）。この人数では女子卓球部のない高校も半分ぐらいあるのではないだろうか。橋下市長にはよく反省をしてもらいたい。

次に、インターハイに出場できる確率を計算した。高体連卓球専門部規約平成十七年度版によると、インターハイシングルスの出場選手は、協会の推薦などを除くと、まず各県ごとに四名が基本で、これに各県の登録人数に応じて最大八名まで追加される。これは男女ともに同じである。どんなに人数が少ない県でも四人は出場できるし、逆にどんなに人数が多い県でも八人までしか出場できないので、結果として登録人数が少ない県ほど出場確率が高い。男子から出場確率が高い順に書くと、高知一・五％、和歌山一・四％、鳥取一・三％である。逆に確率が低いのは順に、愛知、神奈川、埼玉（いずれも〇・二％）。同じく女子は、確率の高い順に、高知四・四％、沖縄三・〇％、徳島三・〇％、確率の低いのは順に、愛知〇・五％、兵庫〇・六％、静岡〇・六％となった。男子なら愛知からは五二六人に一人しか出場できないが、沖縄なら六十七人に一人出場できて八倍もチャンスがある。女子では愛知は二〇八人に一人だが高知なら二十三人に一人出場でき、九倍ものチャンスがあることになる。卓球をやるなら、ぜひとも高知県や沖縄県でやりたいものである。もっとも受験と同じで、倍率と実力レベルは別物なので、試してみて痛い目にあっても責任は取れないので悪しからず。

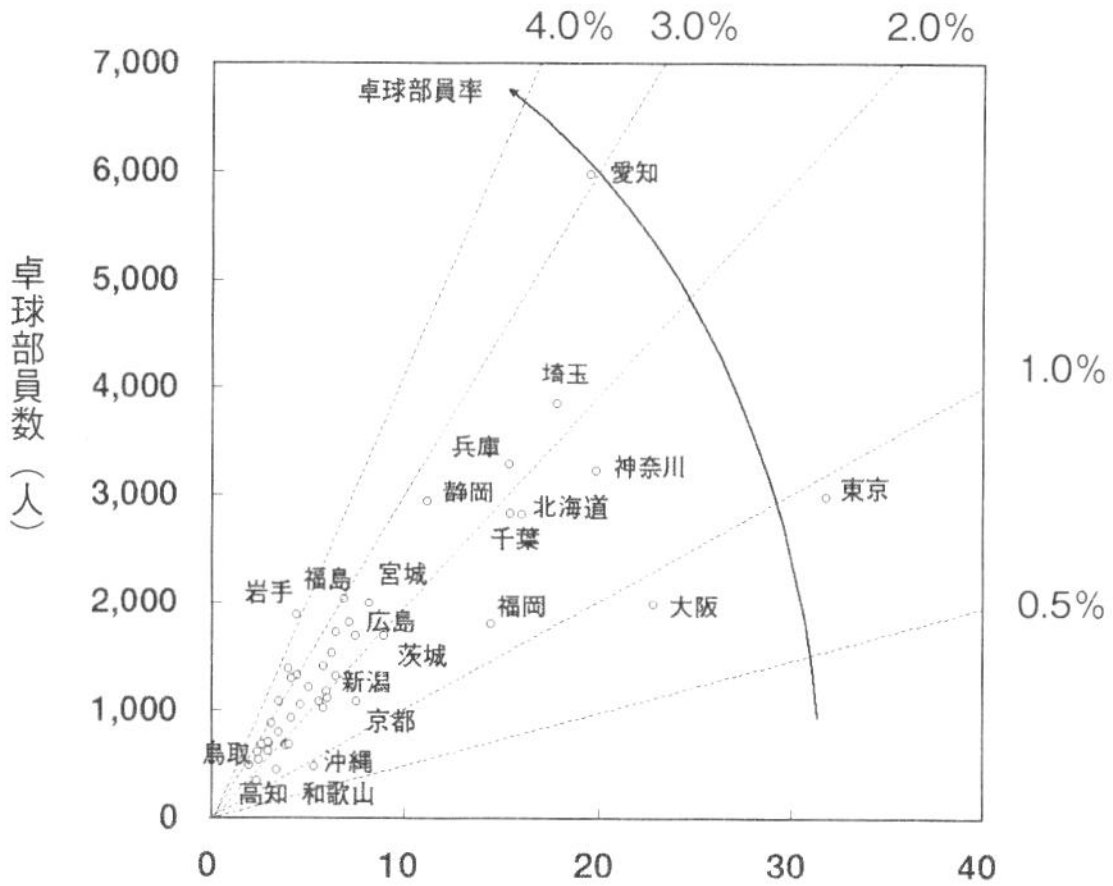

補助剤問題

ＩＴＴＦ（国際卓球連盟）のルールで禁止されている以上、まさか日本卓球協会が公言するわけにはいくまい。卓球メーカーも無理だろう。卓球雑誌でもやはり編集者の立場では無理だろう。だからこれは卓球界のルターたる私（勝手に拝命）の役目である。日本選手よ、補助剤を塗れ！　塗るのだ！

いったいスポーツのフェアネスとは何だろうか。ルールを守ることがフェアだろうか。公平な条件で戦うことがフェアだろうか。本来これらは同じことであるべきだが、残念ながら現状は違う。用具を加工することはルールで禁止されているのだが、試合会場で検査できない「スピード補助剤」が存在するため、実際には世界の多くの選手たちが使っている。ところが、日本選手だけはルールを守って補助剤を使っていないので、大きな不利を背負って試合をしていることになる。補助剤を使わないで試合をすることは、ルールを守るという意味ではフェアだが、公平な条件で戦うという意味ではアンフェアな行為なのである。

有機溶剤を含んだスピードグルー禁止のときは、これを守ることには「人体に有害なものを使わない」という大義名分があったから、たとえ他国が守っていなくても守ることに価値があった。しかし補助剤は違う。使っても誰の迷惑にもならないのだ。

日本人は、ルールを破ることに抵抗がある。この民族性が、秩序正しく災害時にもパニックを起こさない社会の基盤になっているのであり、世界に誇れる優れた民族性だろう。しかし残念ながら、他国と戦うときにはこの美徳は通用しない。「検査できないものはルールではない」と思っている人たちを相手に戦うとき、日本国内のモラルや美徳はまったくの無力なのだ。

さて、補助剤問題をもっと大きく他のことと比較して考えてみよう。我々は常にルールを守っているだろうか。たとえば交通ルール。自動車で法定速度が四〇キロのところを走るとき、四〇キロを一度もオーバーしたことがないという人はいないはずだ。それどころか、常にオーバーしている人がほとんどだろう。法定速度は、安全のために決められているものであり、命に関わるものだ。それでさえ我々は平気でルールを破っている。これは論点をそらしているのではない。なぜ卓球のルールを守らなくてはならないのか、その論理的な理由を問うているのだ。車で練習場に行くときに平気で交通ルールを破るその同じ人間が、なぜ卓球のルールだけは絶対に守るべきだと考えるのか。それは、スポーツのルールは交通ルールと違って他者との公平性を保つためのものであり、これを犯すことを日本人は良しとしないからだ。だからルールは守らなくてはならない。しかし今我々が直面しているのは、ルールを守ることがかえって不公平を招くという異常な事態なのだ。ルールを破るのはいけないことである。しかし、不公平はもっといけないことである。だから、日本代表は補助剤を塗るべきだというのが私の考えだ。

トップ選手たちは趣味で卓球をしているわけではない。彼らにとって卓球の戦績は一生を左右するものであり、彼らは人生を懸けているのだ。「ルールは守るべきだ」というような趣味のごとき正義感で彼らの人生を犠牲にしてはならない。日本選手たちが今から補助剤を使っても遅すぎるほど遅いし、それで彼らの時間が戻ってくるわけではない。だが、検査方法が開発されない以上、このまま不公平を放置しておくわけにはいかないではないか。そして、これは卓球ファンの勝手な願望だが、我々は彼らが他国と対等な条件で試合をするところを見たいのだ。

とはいえ、国内の大会で塗ったら今度は逆の不公平が出てくるからそれはダメだ。どうしたらよいか。日本代表選手は、代表が決まってから補助剤を塗って練習を始め、世界選手権までは国内大会には出ないようにして国内の公平性を保つのだ。それでも補助剤に慣れるまでの時間がロスになってしまうが、これが今できるベストのことだろう。

メーカーも淡々と製造をして売る。名目などどうにでもなる。「ホビー用」とか「ラバーを剥（は）がすための用具」とか「何でもありません」とかなんとか、わけのわからないことを書いておけ。どうしても卓球メーカーが出さないなら、選手は勝手にサラダオイルでもゴマ油でも中華ドレッシングでも塗ってしまうぞ。ある意味、有機溶剤よりもひどい悪臭となるがそれでもいいのかっ！　中国なんか観客まで塗れって言ってるぞ「加油」って。頼むから日本代表に補助剤を使わせてやってくれ！

こんな状況を招いたのはもちろんＩＴＴＦである。検査する方法がないと言うが、それは「簡単に検査する方法がない」のであって、たとえば試合後にラバーを剥がして検査するなど方法はあるはずである。ラケットの中央部分を削って補助剤を塗っている奴がいることまでわかっているなら、なぜラバーを剥がして検査しないのだ

三年熟成
ひーっ ひっひ…
お前の番だよ
味噌漬けテナジー

ろう。ラケットを削っていたら一発でわかるし、挟み込み式測定器でラバーの中央の厚みを測ることもできる。

全員を検査するのが手間なら、試合の後で抜き打ちでやればよい。怪しい打球音を出していて、なおかつ勝った奴だけを検査すればよいのだから簡単だ。検査は同じ選手に何回してもよい。失格になったらその試合は取り消しで、負けた選手が勝ったことにする。検査などものの二、三分でできるから、ヘタすると試合直後にコート上で大画面に映し出しながらやって盛り上げてもよい。負けた方も怪しい奴は検査して、両方とも失格になってしまったら、次の試合には代わりに審判でも出したれ。

失格になったラバーは後日成分分析をし、禁止されている成分が検出されたらその選手は四年間の出場停止にする。検出されなかったら故意の違反ではないとして処分はしない。疑わしきは罰せずだ。原因は製品のバラツキということになろうが、失格になった選手には不運だったと諦めてもらうしかない。そういうことが起きれば信用問題になるからメーカーも注意して製造するだろう。

なにしろ違反が確定したら選手としては死刑にも等しい重い罰則なのだから、実際にはほとんど検査をしなくても脅しの効果は絶大だろう。完璧ではないまでも、今より状況が良くなることは確実だ。

これらはルールの変更ではなく、すでに合意されて存在しているルールを守らせるための検査方法の変更なのだから、反対をする正当な理由は誰にもないし、時間をかけて議論するようなことでもない。それができないのなら建前だけの「スピード補助剤禁止」は止めて全面的に解禁するしかないだろう。

問題はどうやってＩＴＴＦをその気にさせるかだ。日本以外は問題にしていないから他国の協力を得るのは無理だ。メーカーはリスクを犯したくないからやはり協力は期待できない。方法はひとつ。マスコミを動かして大問題にし、卓球がオリンピックから外される危機感をＩＴＴＦに持たせることだ。それが彼らが最も恐れることだからだ。本当に卓球がオリンピックから外されたら悲しいが、なあにそうなったらみんなで柔道でもしようや柔道王国。柔道でも体にオイル塗ったら失格だけどな。加油！

偉いぞフジテレビ

二〇一二年の年末にフジテレビが放送した『とくダネ！ 発 ディレクター魂～2012最後のスクープ～』が素晴らしかった。いくつかのスクープのひとつとして、水谷隼の補助剤問題の告発が取り上げられていたのだ。

冒頭、水谷により補助剤問題が語られた後、カメラは中国に飛び、杭州でのITTFワールドツアー・グランドファイナルの突撃取材となる。これが素晴らしかった。まずは福原愛、石川佳純に水谷の告発についてどう思うのか質問を浴びせるのだ。当然のことながら二人とも当惑し「それについては何も言えません」と言葉を濁した。

取材陣はその後、あろうことか馬琳に「ブースターが使われていることは知っていますか？」と聞いたのだ。卓球界で仕事をしている者なら恐ろしくてとてもできない仕業だが、さすが部外者のフジテレビだ。ムッとした顔で間髪入れず「知りません！」と言って去る馬琳だったが、否定文を語るのに自分に言い聞かせるようにうなずいていたのが皮肉であった。その後、丁寧に同じ質問をすると、それまで笑顔を見せていた表情があからさまに曇って静止画のように固まった後「……わかりません」と答えるのだ。その表情の変化の瞬間をスローで繰り返し再生するエグさはさすが民放だ。

その後映像はスタジオに切り替わり、ゲストが補助剤を塗ったラケットを触り「全然違いがわかりません」と言っていた。わかるわけがないし「そんなにベタベタと指でラバーを触るな」と自分が使うわけでもないのに思ってしまったのは卓球マニアの性（さが）である。

さらに、ＩＴＴＦ会長（当時）アダム・シャララの「不正をしている選手がいるのはわかっている」という例のコメントもデカデカとボードで紹介されていた。

その後、正月に実家に帰ったら、卓球に興

味のない父から「卓球ではインチキやってるやつがいるようだな」と言われた。テレビの力は大きい。私が「検査できないんだから日本選手も塗ればいいんだ」と言うと父は「そんなことはない、ルール違反はダメだ」と語り、正月早々モメたことを付け加えておく。補助剤問題は久しぶりに帰省した中年親子にさえ軋轢を生み出しているのだ（そもそも私は何を話しても父とはことごとくモメるのだが）。

　ともかく意義深い番組であった。ＩＯＣ（国際オリンピック委員会）の人にぜひとも見てもらって大問題にして、ＩＴＴＦが動かざるをえないようにしてもらいたい。偉い、偉いぞフジテレビ！　もっとやれもっとやれ。

　日本選手は補助剤を塗るべきだと書くと「勝つためなら何をしてもいいのか」という人がいそうだが、そうではない。公平に試合をしてもらいたいだけだ。だから私は「公平のためなら何をしてもよい」と表現したいと思う。検査方法が改善されない現状で「日本代表は補助剤を塗るな」という主張は「不公平でも構わないからルールを守れ」という主張と同じである。塗るなと言う人はそこまで明言する覚悟で言って欲しい。

　もちろん一番良いのはＩＴＴＦが補助剤を検査することだ。ラバーを剥がして厚みを測る案をすでに書いたが、具体的な運用方法も書いておこう。ラバーを剥がすとラバーが破損したり性能が落ちるという選手からの苦情が懸念されるため、以下の規定を明確にしておく必要があるだろう。ラバーを剥がす作業は選手自身が行う。ひとつの大会中の同じ選手の検査は二回までとし、選手はそれを考慮したスペア等の準備をしておく。そのための費用はすべて選手側の負担とする。検査のタイミングはＩＴＴＦが任意に決定することができ、選手は拒否できない。

当然、こじつけの理由をつけて反対する国や選手がいるだろうが、嫌なら参加してもらわなくて結構。メダルのチャンスが増える他の国が喜ぶだけだ。これで何も問題ないではないか。

一方、二〇一三年五月には日本卓球協会がＩＴＴＦにラバーの反発力の上限を設ける提案をした。検査の改善をすっ飛ばして一気にルール自体を変える提案であり、これほど大きな提案を通すためにはかなり強力な票集めが必要だろう。政治も卓球と同じで戦いなのだ。それこそ、委員たちが賛成票を投じたくなるような「黄金色のブースター」をたっぷりと効かしてなんとかしてこの異常な状況を解消してもらいたい。

卓球のメジャー化

中学で卓球を始めて以来、私は世間の卓球に対する扱いに強い不満を抱いていた。テニスのマンガはあるのに卓球のマンガはなかったし、テレビでは高校生の野球が白昼堂々と放送されているのに卓球の世界選手権は真夜中の録画放送だった。私の不満は自然とメジャーなスポーツへの敵対心となり、サッカーのワールドカップやウインブルドンはもちろん、正月の箱根駅伝でさえ憎らしいのだった。

冗談はこれぐらいにして（実は冗談ではない）、今回は卓球のメジャー化について論じてみたい。

そもそも、スポーツにおいてメジャーとはどういうことだろうか。それは「人々の注目度が高い」ということではないだろうか。スポーツが注目をあびる要素には次の三つがある。

①参加人口（参加者自身による注目）

②観戦人口（観戦者による注目）

③露出度（自然に目に入ることによる注目）

露出度といっても、服装のことではないので喜ばないでもらいたい。広告や用具店などで目にする機会のことだ。

たとえばゴルフや水泳はその圧倒的な参加人口においてメジャーである。相撲やボクシングはほとんど観戦人口だけで成り立っている。そして、スキーやスノーボードは用具が高価であるために市場規模が大きく、露出度においてメジャーである。

このように見た場合、わが卓球はどうだろうか。まず参加人口だが、笹川スポーツ財団の『スポーツ白書』によれば、二〇一〇年度の中学校の部活では卓球部員数は二十三万人で四位である。高校の部活では九位と後退する。これが成人を含めた参加人数では六九一万人となり、高校の部活では負けていたテニス、陸上、バスケ、バレーを上回る。卓球が手軽なスポーツであることが表れている。

観戦人口は、昨今のテレビ東京の努力によってかなり増加していると思われるが、特定の選手のアイドル的人気に負うところが大きく、卓球観戦が文化として根付いているとまでは言えないだろう。

露出度については、用具市場を見るのがよかろう。矢野経済研究所の調査によれば、二〇一〇年の卓球の用具市場は一〇三億円で、テニス（五六二億円）、スキー・スノーボード（五三七億円）の数分の一であり、上位五種目と比較すると実に十分の一以下であることがわかる。これでは大きな専門店も成り立たないし宣伝費用もかけられないのも当然であるから、露出度が低いのは仕方がない。

このような状況に対し、私は「弱点である観戦人口を増やすことが卓球メジャー化の早道である」と考え、テレビ放送の改善案などを各方面に働きかけてきたが、ほとんど相手にされずに早二十年である（案が悪かったのかもしれん）。

自分のあまりの無力さに卓球メジャー化への情熱も失いかけたあるとき、高名な経営学者ピーター・ドラッカーの次のような文を目にした。

「何ごとかをなし遂げるのは、強みによってである。弱みによって何かを行うことはできない」

私はほとんど震えた。なんと明快で力強い言葉なのだろう。そして恐らくそれは真理なのだ。そうだ。弱点を補強したってダメなのだ。卓球の強みは手軽にやれることと面白さではないか。運動が苦手な人でも「卓球ならできそう」と思い、卓球台が置いてあれば誰でもやってみたくなるという、どのスポーツにも負けない強みがあるではないか。

卓球はここで勝負しなくてはダメなのだ。

そういう観点では、卓球の目指すべき方向は、年寄りくさいとバカにされながらもその面白さで圧倒的な参加人口を誇るゴルフである。その参加人口を支えているのが、各自の実力に応じて誰もがプレーを楽しめる、スコアという定量化された指標と、それを使ったハンディキャップ制度だ。

ものすごーく回りくどくなったが、そのゴルフの良さを卓球に取り入れるものこそが、日本卓球協会が導入した「レーティング」なのである。

レーティングは日本の卓球界を変える。我々はその目撃者になるのだ。これが卓球のメジャー化という課題に対する私の答えである。

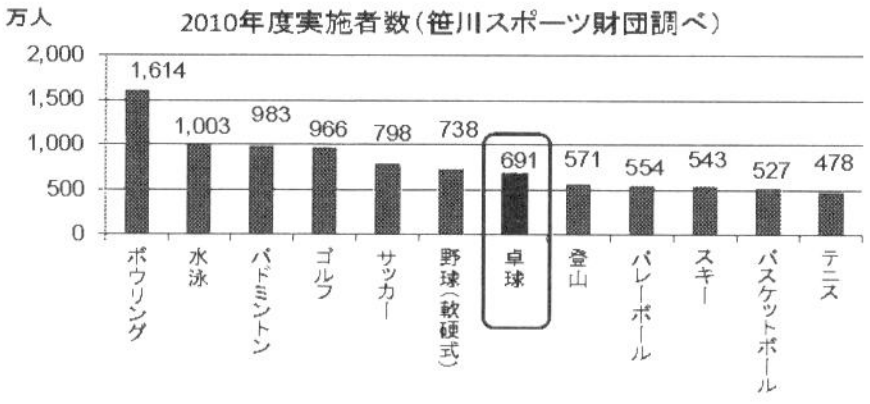

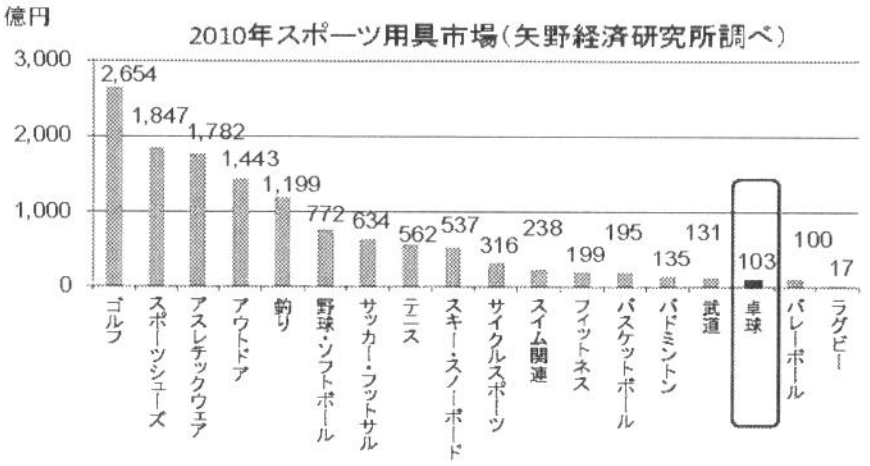

『JTTA公式レーティング』

ホープス（小学六年生まで）の全日本チャンピオンっていったいどれくらい強いんだろうか。全日本マスターズ五十代のチャンピオンと試合したらどっちが勝つんだろう。また、全日本選手権一般の部一回戦敗退の無名選手（どうせとんでもなく強いに決まっている）はこれらに比べてどうなのだろう。知ってどうなるものでもないが、単純に知りたいのが人情である。五十代チャンピオンが一番強いような気もするしその逆のような気もする。要するに見当がつかないのである。「英才が集まるホープスが簡単に勝つでしょ」「バカだな、小学生はパワーがないから慣れられれば五十代の楽勝だよ」「一般の部に敵うわけないだろ」などと、しょせん他人のことをあれこれ議論しあっているうちに喧嘩になったりして、実にバカバカしい。

このようなことが議論になるのは、卓球が対人競技だからである。これが陸上やゴルフのようにタイムやスコアを競うスポーツなら議論の余地はない。客観的な記録というものがある以上、たちまち優劣は明確になり、昔の陸上の世界記録が現在の女子中学生の記録よりも遅い、などということもわかってしまう。

卓球の絶対的な実力を数字で表す方法があったら楽しくないだろうか。先のような議論にも決着がつくし、卓球界全体の中の自分の位置もわかるし、一流選手同士の実力の関係もわかり、とても視界がすっきりするだろう。何かとモメる大会での組み合わせも、参加選手全員の実力が数値化できれば、誰からも文句が出ないよう自動的に決めることができる。実はそういう方法があるのだ。日本卓球協会が導入した『ＪＴＴＡ公式レーティング』がそれだ。

もともとレーティングとは、チェスの実力計算のために考案されたのが最初で、以来さまざまな原理が考案されて各種の競技に合わせて改良されて使われてきた。計算方法は、ごく簡単に言えば、自分よりポイントが高い人に勝てば大きく上がり、低い人に勝つと少しだけ上がるという仕組みだ。負けた場合は、自分よりポイントが高い人に負けると少しだけ下がり、低い人に負けると大きく下がるという仕組みだ。このように、自分と相手のポイントの差に応じた値だけポイントが変化するのがレーティングの根本原理だ。この計算をたくさんの試合に適用していけば、かなり正確に選手の実力を表すことができる。実はこの仕組みは、ＩＴＴＦでも採用されていて、そのポイントの高い順に選手を並べたのが世界ランキングなのだ。だからいわば『JTTA公式レーティング』とは、ごく一部のトップ選手だけのものであった世界ランキングの仕組みを、日本中の卓球愛好者に楽しんでもらおうというシステムなのである。

『JTTA公式レーティング』は、同名のウェブサイトで公開されており、誰でも登録された選手のポイントや戦績を閲覧することができるようになっている。現在のところ（二〇一五年三月）、レーティングが計算されているのは全日本選手権、ジャパントップ12、世界選手権選考会、日本リーグ（実業団）、関東学生リーグ、熊本県卓球協会、調布市卓球連盟、中野区卓球連盟、入間市卓球連盟などに留まっているが、今後拡大していくものと思われる。

このシステムが普及すれば、次のような楽しみ方が可能になる。

まず、単に大会で勝った負けただけではなく、ポイントが正確に変化するので競技生活の励みになる。たとえば二回戦で負けたとしても、一回戦で勝った相手が強い選手ならポイントが大きく上がるのだ。もちろん弱い相手に負ければ大きく下がるのだから緊張感あふれる試合になる。ウェブサイトには、選手ごとのポイントの変化や過去の戦績が表示されるので、自分の実力の変化がはっきりとわかって楽しい。

大会の組み合わせ表に選手全員のポイントを表示するようにすれば、試合前から「こいつに勝てば上がるが、あいつに負けると大変なことになる」などと考えることになり、ワクワクドキドキになる。携帯電話やスマートフォンを使えば、大会会場からでも過去の成績などがわかって楽しい。

大会でよく問題になるのが試合の組み合わせだ。これも選手の実力を示す客観的指標がないため、何が公平かを決められないからなのだ。もし参加選手全員に実力を示すポイントがついていれば、そのポイントに従って、あらかじめ決めておいた規則通りに組み合わせを作れば誰もが納得するし（せざるを得ない）、主催者側も組み合わせに頭を悩ませる必要がない。

また、よくあるのがオープン大会などで実力が違いすぎる選手が出場して試合がつまらなくなってしまう問題だ。強い選手と弱い選手のどちらも悪くなく、しかもどちらもつまらない思いをするというとても不幸な事態だ。しかしこれを未然に防ぐ方法はない。強さを示す指標がないので、大会要項に書きようがないのだ。結果、口コミなどで「誰それが出るらしい」などというぼんやりとした情報をもとに出場を判断することになる。レーティングがあれば話はとても簡単だ。大会要項の参加者資格に「ポイント１７００

〜1799」などと書けばよい。たったこれだけで全試合が実力伯仲となり、フルゲームジュースの試合が続出し、参加選手は面白いのなんのでもう大変になる。張り切り過ぎてアキレス腱断裂や心臓マヒを心配しなくてはならなくなるだろう。しかも、レーティングは男女や年齢に関係なく直接対戦さえすれば計算されるので、文字通り老若男女が入り混じってポイントを争うことができるのだ。女性の参加者が少なくて困っている大会主催者は、男女混合の大会を開催することで楽しい大会にすることができるし、強すぎる小学生をそれ相応のカテゴリーに入れるといったことも可能になる。さらに、その気になれば、ポイント差に応じてハンデをつけた試合だって可能だ。ゴルフのように、実力差があっても全員が実力伯仲の試合を楽しむことができるのだ。

練習相手を見つけるのにも役立つ。卓球の実力というのは話してみてもわからない場合が多い。初対面で意気投合して練習をしたはいいが、実力差がありすぎて気まずい思いをするなどということはよくある。「いやいや、とてもとても」なんて言うから弱いのかと思うととんでもない強者だったり、仰々(ぎょうぎょう)しくメガネバンドやサポーターを巻いたりしているから「こりゃ強いだろ」と思ったら素人だったりするから困るのだ。レーティングがあればひと言「ポイントはおいくつですか?」と聞けば、誤解もなく、なんともすっきり楽しくその後のコトを運ぶことができる。クラブを探す場合も同様だ。

『JTTA公式レーティング』は、日本卓球協会が普及のために導入したシステムなので、参加料や年会費といったものは存在しない。誰でも選手登録をすることができ、一度登録をすれば退会するまで生涯有効だ。要するに、大会主催者も選手も、何のリスクもなく楽しむことができるのだ。これを使用しない手はない。日本中の卓球愛好者がレーティングを楽しみ、よりよい卓球人生を送ることができる時代がすぐそこまで来ているのだ。

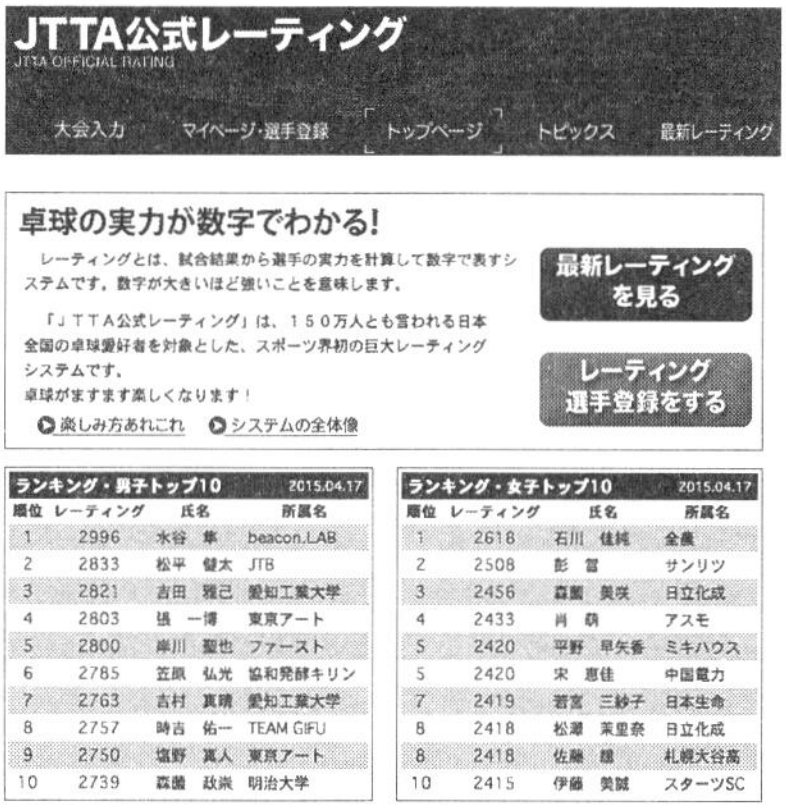

JTTA公式レーティング
JTTA OFFICIAL RATING

大会入力　マイページ・選手登録　トップページ　トピックス　最新レーティング

卓球の実力が数字でわかる!

レーティングとは、試合結果から選手の実力を計算して数字で表すシステムです。数字が大きいほど強いことを意味します。

「JTTA公式レーティング」は、150万人とも言われる日本全国の卓球愛好者を対象とした、スポーツ界初の巨大レーティングシステムです。
卓球がますます楽しくなります！

楽しみ方あれこれ　システムの全体像

最新レーティングを見る

レーティング選手登録をする

ランキング・男子トップ10　2015.04.17

順位	レーティング	氏名	所属名
1	2996	水谷　隼	beacon.LAB
2	2833	松平　健太	JTB
3	2821	吉田　雅己	愛知工業大学
4	2803	張　一博	東京アート
5	2800	岸川　聖也	ファースト
6	2785	笠原　弘光	協和発酵キリン
7	2763	吉村　真晴	愛知工業大学
8	2757	時吉　佑一	TEAM GIFU
9	2750	塩野　真人	東京アート
10	2739	森薗　政崇	明治大学

ランキング・女子トップ10　2015.04.17

順位	レーティング	氏名	所属名
1	2618	石川　佳純	全農
2	2508	彭　雪	サンリツ
3	2456	森薗　美咲	日立化成
4	2433	肖　萌	アスモ
5	2420	平野　早矢香	ミキハウス
5	2420	宋　恵佳	中国電力
7	2419	若宮　三紗子	日本生命
8	2418	松澤　茉里奈	日立化成
8	2418	佐藤　瞳	札幌大谷高
10	2415	伊藤　美誠	スターツSC

● http://jtta-rating.jp/

第二章

卓球・妄想・卓球

卓球の矛盾

アームストロングから画期的なラバーが出ている。『ニューアンチスピン』というラバーだ。なんとこのラバー、アンチスピンのくせに粘着性で回転をかけることができるのだという。これではまるで「ミルクたっぷりのブラックコーヒー」「下痢が止まる下剤」といったようなものであり、まさにアンチスピンラバーの根幹を揺るがすとんでもない商品と言えよう。卓球王国編集部きっての用具ドランカー、佐藤祐が愛用していたことでも有名だ（プラス材料か？）。

粘着性アンチほどではないが、これまでにも矛盾するような製品はあった。カーボンラケットといえば弾みが良いことがメリットのはずだが、なんとカットマン用のカーボンラケットがあったのだ。「カーボン層が相手のボールの勢いを吸収する」という触れ込みだった。それは単に弾まないということだから、普通に木で作ればよさそうなものだが、わざわざカーボンを入れて高く売ろうとした商魂が素晴らしい。商魂といえば「飛び方が裏ソフトに近いアンチスピンラバー」という宣伝文句もあった。「飛び方が裏ソフトに近いということは回転も裏ソフトに近いというだけのことだが、さも飛び方だけが近い魔法のラバーであるかのように宣伝したところが素晴らしい。このような、嘘ではないが誤解を誘導するファンタジー的要素は、今日の卓球用具市場の隆盛のためにはなくてはならないものである。

商魂とは関係なく、まったく役に立たなそうな矛盾した用具を考えてみると「圧縮バルサ材ラケット」「檜単板の三枚合板」「炭になるまで焼いたカーボンラケット」などというのが思いつく。

さらに卓球技術全般について矛盾するものを考えてみた。「両ハンドのオールフォア」なんてどうだろう。一見、あり得なさそうだが、ラケットを持ち替えれば可能となる。つまり、体の右側に来たら右手で打ち、左側に来たら左手で打てば、これが「両ハンドでオールフォア」ということになるのだ。

矛盾というほどではないが、物理的にありえない技術としては「後陣からストップ」「台上で二バウンドするスマッシュ」「台より下で頂点ドライブ」などというのがある。「ある」もなにも勝手に考えただけのことだが。

また、卓球には、一見矛盾するようでいて実際に存在するものもある。「ナックルドライブ」「硬いソフトラバー」「長いショート」「従来の新素材ラケット」などだ。これらは言葉だけを見れば矛盾しているが、現実の卓球界では実態を伴う意味のある言葉になっているので、初心者は屁理屈で反論したりしないよう注意したい。

矛盾していると困るのは試合中の選手への応援やアドバイスだ。「強気で粘りますよ」「リラックスして絶対一本取ります」「思い切って力抜きます」「慎重にカウンタースマッシュします」なんて言われた日には、選手はどうしたらいいかわからなくなるだろう。さすがにいないかそんなヤツ。

さらに「頭を使ったフットワーク（ストリートダンスか？）」「僕は裏が表です（どっちよ？）」「フォア前まで下がる（今までどこにいた？）」「サービスが切れなくてキレた（単なる駄洒落（だじゃれ））」などというフレーズが思いつくが、そうこうしているうちに新しい卓球用語を思いついた。

スマッシュをする体勢から急にストップすることを、スマッシュとストップを合わせて「スマップ」と呼ぶのはどうだろうか。「前後の動きが悪いカットマンに対してはスマップが有効」などという使い方になる。同様に、ドライブからのストップは「ドラップ」、逆にストップからのスマッシュは「ストッシュ」となる。スマッシュあるいはドライブから一転してロビングすることは「スマング」「ドラング」となるが、そんなことをしていったい何の得があるというのか。ましてやストップからロビングをする「ストング」、ロビングからストップをする「ロビンプ」など、何が何だかもう勘弁してもらいたい。私が勝手に言っているのだが。

ともかくだ、以上を応用して集大成した記事の例としては「粘着性アンチを操る水谷の持ち味は頭を使ったフットワークだ。レシーブで素早くフォア前まで下がって逆モーションストッシュ、次のボールを両ハンドオールフォアでナックルドライブからロビンプ、スマングとたたみかける」などとなる。そんな日が来ないことを願うばかりだ。

「逆モーション」の戦い

「卓球王国」の私の連載のタイトルにもなっている「逆モーション」という言葉は、卓球界ではフェイントの意味で当たり前のように使われているが、世間一般では通用しない。卓球界でいつから「逆モーション」が使われるようになったのかはわからないが、一九六九年の「卓球レポート」にはすでに見られている。

考えてみれば「逆モーション」ほど卓球のエッセンスが凝縮されている言葉もない。卓球は予測の競技であり、それゆえに相手の動作に極めて大きく影響されるからだ。それを示す非常に優れた実験が、日本テレビの『所さんの目がテン!』という番組で紹介された（二〇〇八年五月十一日放送）。真っ暗な部屋で相手の選手とラケットが見えないようにして、ボールだけ光らせてラリーをすると、元全日本チャンピオンの岩崎清信ですらほとんどボールに反応できないのだ。卓球選手がいかに相手の動きを見てプレーをしているかということを示す画期的な実験であった。

この「逆モーション」という言葉を、卓球界発祥の言葉として世間一般に広めることはできないものだろうか。「逆」という言葉になんとなくトリッキーで知的な雰囲気があり、それでいて意味もわかりやすく使い勝手もよさそうではないか。

用語の広がりはそのスポーツのメジャー度を象徴する。好みの幅について「ストライクゾーンが広い」と野球用語を使ったり、誰かにひどく攻撃されることを「サンドバッグ状態」とボクシング用語を使ったりするのは、そのスポーツが広く社会に認知されていることの証である。

これに対して卓球の現状は惨憺（さんたん）たるものである。町内会のバレーボール大会で、ネット際のボールをつい「フォア前」と言ったり、野球でバントを「ストップ」と言ったりして笑われた卓球選手は枚挙にいとまがあるまい（私だけか？）。これも卓球用語がマイナーだからである。

原因の一端はマスコミにもある。くどいようだが、卓球で使う「バッククロス」「ロビング」といった言葉が、テレビ放送ではあろうことか「逆クロス」「ロブ」などという破廉恥極まりないテニス用語に言い換えられ、それどころか「ボレー」「セカンドサーブ」などの言葉さえ跋扈（ばっこ）するという辱（はずかし）めを我々は受けてきたのだ。

これほどの屈辱を受けたからには「逆モーション」を世の中に定着させでもしないと

到底気が収まるものではない。そして、それができるのは、卓球が比較的マスコミに露出している今しかない。

念のためにネットで「逆モーション」を検索してみて驚いた。なんと、まったく違う意味で「逆モーション」を使っている分野がわんさかあるのだ。

①野球：動き出してからボールが来たりして逆方向への動きを強制されること

②映画：フィルムの逆方向再生

③演劇：動作を強調するために直前に一瞬逆の動きをすること

④体操：関節などを痛くなる動きの逆方向に動かす治療法

⑤麻雀：牌の山を上下逆に積むこと

①②はすでに広辞苑に載ってしまっているし、他にも「タンゴの逆モーション」などという不気味なフレーズが社交ダンスのサイトで踊っているありさまだ。これはうかうかしてはいられない。万が一「タンゴの逆モーション」が先に定着してしまったらどうなる。世界選手権のテレビ放送で「逆モーションが得意です」などと言おうものなら、サヨナラパーティーのダンスのことだと思われるのだ。それでもいいのかっ！　一刻も早く卓球の「逆モーション」を世間に定着させなくてはならない。

このいわば「逆モーション戦国時代」を勝ち抜くための我々の切り札こそ、福澤朗アナウンサーなのだ。トレードマークの「ジャストミート」にはそろそろ引退してもらい、代わりにテレビで「逆モーション！」を連呼してもらうのだ。バラエティーだろうがニュース番組だろうが構わずだ。こうすることで我らが「逆モーション」が日本中に定着し、その暁(あかつき)には街のあちこちで若者たちが「あの娘に逆モーション」なんて会話が普通に交わされるようになるのだ（意味わからんが）。そうすれば私のコラムももっと有名に……いや、こっちの話。

「タンゴの逆モーション」って
こんなのかなあ やっぱし

卓球常識

卓球界には卓球界の常識、いわば「卓球常識」とでもいうものがある。卓球人同士のコミュニケーションはその常識の枠内でなされるわけだが、同じ卓球界であっても、集団が違うと卓球常識も微妙に異なってくる。

一九六〇年代、荻村伊智朗の指導によってスウェーデンチームはヨーロッパで初めて練習前の準備体操を取り入れたが、ある大会で他国のチームから「君たちは何の選手だい?」と笑われたという。卓球常識が違っていたのだ。

中国からのある帰化選手は、一九九〇年代に日本に来たころ、日本でやられていた何百球もラリーを続ける「基本練習」を見てとても可笑(おか)しかったという。日本人が大真面目にやっていたこの練習は、彼から見ると「空き缶を何個積み重ねられるか」的な無意味なことに挑戦する遊びに見えたのだ。

このように人は、自分の常識から外れたものを見ると可笑しくなることが多いようなのだが、程度によっては可笑しいどころか腹が立ってくる。

まがりなりにも卓球好きを自認しておきながら、高木和や木方のことを「タカギカズって結構強いな」「キガタって誰や」などと言われたらさすがに温厚な私も穏やかではいられない（実例）。

ある中学校から指導を請われたときは、体育館に行ってみるとすべての卓球台のネットにラージボール用のアダプターが取り付けられていた。先生を含めて誰一人それが異常なことだと思っていないのだ。そのときの私の絶望感を想像してみてほしい。さらに、男女とも全員がユニフォームの下に白い下着を着込んでいたし、サービスではあろうことかトスのタイミングで「サー」と叫び、シェークの全員がバックサービスをフォア面で打球していた。外部との交流がないため、ガラパゴス諸島のように独自の卓球文化が育まれていたのだ。ほとんどすべてが間違っている絵を見せられて「間違い探しをしろ」と言われているような状況に、全身から得体のしれない汗が噴き出すのを感じたものだった。

私は素人だからまだ良い。中学校の教員をしている方々は、プロだけあって私などでは想像のつかない非常識な体験をしているらしい。ある知人の教員が大会を運営したときには、あろうことかゼッケンを腹につけている生徒がいて、卓球台の上には水筒が置いてあったという。試合中にである。面白いどころか胃がキリキリと痛み出し「この子は陸上部から来たのだ。うん、そうだ、そうに違いない。陸上なら途中で水も飲むし」と自分に言い聞かせるのが精いっぱいだったという。

以上は知識不足による常識の違いだが、世代による違いもある。試合前のジャンケンだ。今の若者は「最初はグー」と言うが、これはテレビ番組『8時だヨ！ 全員集合』のコントから広まったもので、ごくごく歴史の浅いものである。最近では年寄りでも若者の真似をしてこれをやる輩(やから)がいるようだが嘆かわしいことだ。私はそんなふざけたものに付き合うつもりはないので、相手の掛け声など無視して「じゃーんけーん」と強引に被せてパーを出してやることにしている（ときどき間違えてチョキを出すがな）。どうせ試合は負けるのだからジャンケンくらい好きなようにやらせてもらいたい。

男女で違うものもある。試合前の礼だ。男子は対戦相手にだけ礼をするのが普通だが、女子は相手だけではなく横や後など全方角に向かって文字通り八方美人の礼をするチームが見られる。当然、鳥のように奇妙に小さく速い動きとなるが、バレンタインデーに全員にひとかけらずつ配る義理チョコのようなものだろう。そんなものでも貰わないと怒るジジイがいるのと同様に「俺に礼をしないとは感謝の気持ちが足りない！」と怒るスケベ指導者が始めたのに違いない。なんと破廉恥な話だろうか羨(うらや)ましい。

　男子に特有の習慣もある。ある高校では、カウントをするときに「ラブオールっす」「ワン・ゼロっす」と語尾に「っす」をつける。本人はつけたくなくてもつけないと指導者や先輩が「バガたれ、ちゃんと〃っす〃つけろっコノ」と焼きを入れるのだろうから仕方がない。「ナイス」もやっぱり「ナイスっす」とか言うんだろうなあ。でも「スマッシュっす」「ストップっす」は言いにくいなあ。促進になったら「ワンっす、ツーっす、スリーっす」なんてやられるかと思うだけで緊張して負けそうだ。

　それはともかく、とりあえず五十歳以上は「最初はグー」って言ったら即負けにすることを提案したい。

どういう状況だそれは

世界下回転選手権

高校時代、練習場にあった卓球マシンで、ふざけてモーターの回転数を最大にして横回転を出してみたことがある。人間には絶対に出せない回転量のボールだ。それはそれは恐ろしい体験だった。激しく横に曲がっていくボールをとらえて、なおかつ相手コートに入るラケット角度が存在しなかったのだ。回転がわかるもなにもない。こんなサービスを出されたら一球も返せずに試合が終わるだろう。

地球上でもっとも切れる人のサービスの回転数はどれくらいなのだろうか。よく、孔令輝の下回転サービスが切れていたといわれるが、それはあくまで一流選手の中での話だ。もし、才能のある人がフォア打ちもゲーム練習も一切しないで、下回転サービスだけを一万時間練習したら、途方もない回転量のサービスを出せるようになるのではないだろうか。実際にそういう無駄な実力をもつ人が無名選手の中にいないとも限らない。それは広東省の雲朴占さんかもしれないし、岩手県下ノ村体協の鈴木さんかもしれない。

卓球競技の可能性を広げるため、「世界下回転選手権」を開催したらどうなるだろう。

下回転サービスに必要な筋肉だけを異様に鍛えた選手たちが、見るも恐ろしいフォームでブツ切り下回転サービスを競うのだ。しかしこのような大会を開くと、選手たちはルールの枠内で勝つために工夫をするから、ほどなく彼らのサービスは卓球とは似ても似つかないものに変質してしまうだろう。サービスが入りさえすれば、どんなに高くても三球目が戻れなくてもかまわないわけだから、おそらく選手たちは台から二メートルぐらい離れて構え、ボールを高く投げ上げると同時に後方に下がり、前に走り込みながら円盤投げのように腕を一杯に伸ばして回転しながら打球するだろう。ボールはほとんど真上に打ち出されて、やっと相手コートに入るという具合だ。

なんと不愉快な奴らだろうか（勝手に想像しておいて何だが）。

同様のケースで、肥壷工業ＯＢの工藤さんが、柳承敏より速いドライブを身につけている可能性も否定できない（ほとんど入らないが）。しかし「世界ドライブ選手権」を開くとなると、やはりこれも不愉快な試合になるだろう。なにしろツッツキもブロックもできなくていいわけだから、選手たちはゴルフクラブみたいに長い特注ラケットを持ってきて、両手でぶん回すに違いない。ボールはすぐに割れるので、そのかけらがどこまで飛んだかで勝負することになる。なんと醜い競技だろうか（以下同文）。

問題が多いのが「打球点世界一」だ。打球点の早さを追い求めれば、当然、バウンド前に打球する奴が出てくる。さらにネット上空、相手コート上とエスカレートし、ついには相手選手の正面に立ちはだかるという、何をやっているのかわからない競技になる。逆に「打球点の低い世界一」というのも考えられてしかるべきだろう。打球点の下限は、理論的に競技場の床の高さとなるから、選手たちはラケットを床につけたまま中腰でボールを追う地獄の競技となろう。床と擦れる裏面にアンチラバーを貼っておくことを忘れないようにしたい。

何と言ってももっとも地味なのは「ストップ世界一」だろう。厚さ二ミリのベニヤ板ラケットに極薄粒高ラバーを貼って、すべてのボールに対して超絶ストップをするのだ。その結果、相手のスマッシュを前陣でネット際に3バウンドで止めるなどという、卓球の歴史上ただの一度も見られなかった、不自然かつ無意味な光景が現出するはずである。それがどうしたと言われても困るが。

書きたくはなかったが、ここまできたらやはり「精神力世界一」というのも書かざるを得まい。精神力とは、いかに自分の精神をコントロールできるかということだから、たとえば可笑しくもないのに高笑いするとか、感謝の気持ちを怒りで表現するなど、審判も含めて正気ではつとまらない競技になるので細心の注意が必要である。それにしてもこれのいったいどこが卓球なのだろうか。

他にも、ボールの飛び方から回転量を完璧に判断できるのに打ち方が分からなくて返せない奴とか、致死量を超える練習量で世界一のフットワークを身につけたのにフォア打ちが二十本も続かない奴とか（どうやって練習したのか）、走り込みすぎて陸上に転向してしまった奴とか（なにが悪い）、想像すると楽しい。卓球の可能性と人間の多様性について、つくづく考えさせられる妄想である。

卓球選手の癖（くせ）

卓球をしていると「いったいどうしてそんな」と言いたくなるような動きをする人に出くわすことがある。

先日も卓球仲間との飲み会で、あるチームの極めて特徴的な選手の話になった。その選手は、サービスのときに必ず次のような儀式をするのだという。まずボールを短パンの左ポケットに入れて、左手を台に擦りつけて汗をぬぐう。ポケットからボールを取り出してサービスの構えに入るがトスはせず、そのまま左手を体から離したり近づけたりをなぜか三往復ほど繰り返す。次にその手はゆっくりと上昇して顔の高さにまで達し、いよいよトスをするかと思いきや、そこから元の位置までゆっくりと下降した後にやっとサービスを出すのだという。

そんなサービスを出されたら吹き出しそうなものだが、実際に対戦をした彼らにとっては笑いごとではないという。「考えてもみてください。これを一ゲームに十回、フルゲームにでもなれば五十回やられるんですよ」と力を込める。最初はちょっと変わってるなと思う程度だが、試合が進むにつれてどんどんその動作が遅くなっていくように感じられ、そのうちレシーブのときにお尻をクイックイッと振る癖も気になり出し、ついには腹が立ってどうしようもなくなり、メチャ打ちをして負けてしまうのだという。その選手はとても良い人で、相手を怒らせて勝とうなどと考えるような人ではないそうだ。なんと皮肉な精神と肉体のアンビバレンツであろうか。

これほどの例はまれであるが、卓球はメンタルなスポーツなだけに、相手の癖が気になるのはよくあることだ。私の後輩にも、ボールを返すときにいちいち頭上に打ち上げるヤツや、フォア打ちのサービスを出すときにラケットをヒラヒラと扇ぐように動かすヤツがいたが気になって仕方がなく、いっそ何もかも終わりにしてぶん殴ってやろうかと思ったほどである。一流選手でも、セイブの短パンたくし上げやオフチャロフのバックサービスの長々とした沈み込みは、その域に達しているものと思われる。

レシーブの構えにもいろいろな癖が見られる。比較的ポピュラーなのは、異様に低く構える選手だ。私が市民大会で実際に見た最高（最低？）記録では、成人男性なのに鼻が卓球台の表面ぐらいの高さで構える人がいた。ベンチから座って見ると台から目だけが出ているありさまで、ほとんどワニか覗き魔状態である。さすがにそのままではラリーが不可能なので（当然だ）、相手がサービスを出すと同時に普通の高さに直していた。劉国梁と岸川聖也が極端な左足前で構え、相手がサービスのトスを始めると平行足に変えるのも、癖といえば癖だろう。

ラリーの合間にも癖は見られる。水谷がユニフォームの襟を直すのは必要でやっていることだろうが、ワルドナーがいちいちソックスを上げるのは明らかに癖だ。伝説の選手なのだからソックスぐらいズリ落ちない物を買えと言いたい。そもそも長すぎるしソックス。手に息を吹きかけたりネット際の台で手を擦るのは湿気をとる目的なので癖とは言えないが、馬琳がラケットをせわしなく回転させるのは癖だろう。「今度回したら遼寧省に返すぞ」ぐらいは言ってやりたい。もう帰ったか。

不思議なのは女子選手には男子選手ほど癖や儀式が見られないことだ。やはり外見に気を配るという性差の表れなのだろうか。確かに、福原愛がボルみたいに尻を突き出して大股開きで構えたり、石川佳純が覗き魔状態で構えたりしたのでは『おしゃれイズム』への出演は無理だっただろう。

テレビ出演といえば、卓球選手の人気を上げるため、日本代表選手にわざと特徴的な癖を身につけさせるのはどうだろう。水谷にレシーブのときに耳穴をほじくらせるとか、松平健太に「パパパパー」とか意味のない掛け声を叫ばせるとか、丹羽にニワトリのような歩き方をさせるとか。すまん、逆効果だ。

動作ではなくて戦術の癖というのも理論的には有り得る。たとえば「スコアが4－7になると必ずレシーブスマッシュする癖」などが考えられるが、さすがにあまりにも意味不明であろう（じゃ書くなよ）。

さらに「癖」をもっと広くとらえれば、教え子に手を出す癖、万引きをする癖、寝小便をする癖などが視野に入ってくるわけだが、小学校五年生まで寝小便をしていた立場から言わせてもらえば、寝ているときの行為を責められても困るのだ。と、このようにとりとめのない話に脱線していくのも私の癖である。癖の意味が違うような気がするが。

こんな卓球 嫌だよ〜
(さすがにひどすぎねえかこの絵)

一流選手の回転

一流選手のボールにはいったいどれくらいの回転がかかっているのだろうか。我々一般ファンは、彼らのボールを見ることはできても、触るチャンスはまずない。考えてみればなんともどかしい話だろう。

高校生のとき、元世界チャンピオンの伊藤繁雄が隣町に講習会にきた。そこで、町の一般の代表選手と模範試合が行われた。一球目、伊藤がバックハンドでストレートに長い下回転サービスを出した。これを誇らしき我が代表がドライブをしたが、なんとボールが台の上に落ちたのだ。ネットミスですらないテーブルミス。次のサービスもその次もボールはネットの中ほどにさえ持ち上がらなかった。伊藤繁雄のサービスの回転量は桁違いだったのだ。感心するというよりも、私は何か交通事故現場でも見てしまったような恐ろしい気持ちになったのだった。

次に同じような光景を見たのは大学生のときの東日本学生選手権だった。東北代表のペアが、当時明治大学の松下浩二・渋谷浩組と対戦した。東北代表のペアは、私の地元の卓球エリート連中である。そのエリートが試合前の練習で松下浩二のカットを打った一球目、ボールが台の下をくぐった。カットで世界で戦うということは、そういうことなのだ。

同じ頃、東北卓球界に衝撃が走った。一九八三年東京大会で男子ダブルスで世界三位になった楊玉華が、二十六歳にして東北福祉大学に留学してきたのだ。日本で最初の卓球留学生だった。私は「そんなのアリかよ」と思うと同時に、地元の卓球エリートたちと世界三位の違いがどのようなものなのか、固唾をのんで見守った。楊は短い下回転とナックルのたった二種類のサービスだけで試合を支配した。下回転があまりにも切れていてツッツキもフリックも持ち上がらず、したがってナックルは有り得ないほどのオーバーミスを誘発し、まるっきり試合にならないのだった。私は、恐ろしいようなバカバカしいような、なんともいえない感動を覚えたのだった。ちなみに楊は、大会前のわずかな練習だけで全日本学生を四連覇し、そのため同学年だった松下浩二と渋谷浩は一度も優勝することができなかった（両者とも他の大会では何度か楊に勝っている）。

例に出して申し訳ないが、先日、卓球王国編集部の渡辺友くんが、宮﨑義仁・元日本男子監督のサービスを受けさせてもらったという。現役時代、世界の猛者たちを震え上がらせ、あまりの威力にルール変更まで引き起こしたバックサービスだ。友くんは卓球歴二十年の中級者だが、その友くんが、宮﨑監督が十五分間出し続けた変化サービスをほとんど返せなかったという。回転量がとんでもない上に、その方向が、上下はおろか左右すらわからず初心者のようにサイドミスを連発したという。つまり、このサービスさえ身につければ、ほとんどのレベルまではフットワークもドライブもスマッシュもいらないということなのだ。なんと恐ろしい話だろうか（十五分間もサービスを出し続けた宮﨑監督も別の意味で恐ろしい）。

私は「昔の選手の回転は凄かった」と言いたいのではない。そうではなくて、昔も今も一流選手たちの回転はみんな凄いということなのだ。一般の選手が一流選手と試合をすると、まずこの回転量でやられてしまう。回転など角度だけの問題だから、慣れれば小学生でも返せるはずなのに、慣れていないというだけの理由で返せないのだ。つまり一般選手は、もともと下手なのに加えて「下手な相手のボールしか受けたことがない」というハンデまでつけて試合をしているのであり、ますますもって一流選手には勝てないようになっているのだ。こんな不公平な話はないではないか。

そこで提案なのだが、一流選手のボールを再現できる卓球マシンを発売するというのはどうだろうか。たとえば「松下浩二のカット」とか「柳承敏のドライブ」とか「馬琳の下回転サービス」とか出せたら、それだけでかなり楽しく、タメにもなるだろう。一流選手のボールを再現するといっても、別に難しいことではない。回転数とスピードを再現すればいいだけなのだから、ダイヤルのところにそういう表示をすればいいだけだ。なに？　馬琳や柳承敏のボールをどうやって測定するのかって？　んなもん、どうせ誰も確かめられないんだから適当にしたらんかい！　どうしても心配なら「馬淋」とか「柳寸敏」とか「ボラ」とか微妙に違う名前に岸川せいや。

　アイデア料よこせとかセコいこと言わないのでどこか商品化してくれないだろうか。

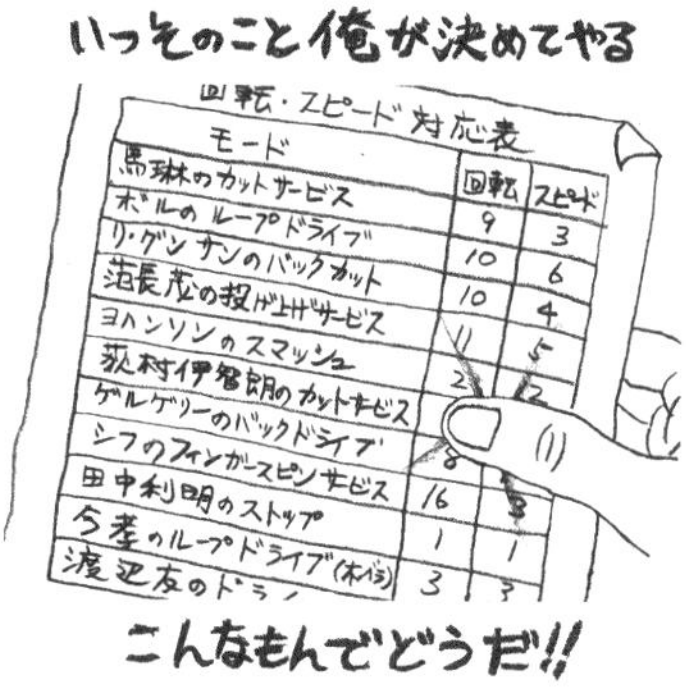

さわやかな下ネタ

以前、シチズンの選手の方々と会食をしたときに、私の言う下ネタが非常にさわやかであるとのご評価をいただいた。さわやかな下ネタというものがあるかどうかわからないが、そもそも卓球の用語には非常に危うい物が多い。

だいたいにして、現代卓球の主役である「裏ソフト」からして非常に危うい。電車の中で青少年が大声でそんな会話をしようものなら、眉をひそめられることは間違いない。ましてやレンタルビデオ屋の店内で「裏ソフトの後加工は禁止だ！」などと正義感に燃えて力説したりするなど言語道断である。「当店にはそんなものは置いておりません」と、血相を変えた店員につまみだされるだろう（過剰に反応するところがかえって怪しい）。

ラバーに関する落とし穴はそれだけではない。たとえば卓球部員がマツモトキヨシなどの店内で「オス、自分にはゴクウス黒のイボ高がぴったりであります！」などと言ったら、嘆かわしい若者の烙印（らくいん）を押されること間違いなしだ。ましてやそれが前女子日本代表チームだったりすると「近藤さんなしではここまで来られなかった」などという台詞（せりふ）が飛び出す可能性があり、楽しいこと、いや、危険なことこの上ない。

　また、いくらラバー選びに熱心だとしても、女子高校生が公の場で「食い込み」だの「タマ持ち」だのを大声で連発するのは感心しない。「タマ離れ」「タマ持ち」「タマ筋」も避けたいところだ。

　女子ならまだ品性を疑われるだけですむが、男子だと事態はさらに深刻である。ある一流選手など、たまたま訪れた泌尿器科でついうっかり「僕はトクアツ皮付きです」と言って誤解され、手術をされてしまう悲劇に見舞われた。もっとも彼の場合、あながち誤解でもなかったというのだから人生は何が幸いするかわからない。

　中国や韓国が強い現代卓球では選手の名前も要注意だ。「陳皓」あるいは「金玉華」などという名前の選手がいつ登場するかわからないのだ。もし登場したら、二度と国際大会に出て来ぬよう死ぬ気で倒さなくてはならない。

　私の学生時代はスウェーデンが強かったが、それはそれで別の問題があった。女友だちが部屋に来ているときに迷惑な後輩から電話があったのだが、よりによってそいつはスウェーデンのビデオが手に入った話をしたのだ。私は当然のように「スウェーデンのか！　画質は？　すげえな！　直ぐに貸してくれ！」と言ったのだった。直後、私はその女友だちから誤解される状況にあることを察知したが、すでに遅かった。「違う違う、卓球のビデオ」と言っても、顔を赤らめながらでは、我ながら言い訳にしか聞こえない。

サービスの回転が相手にわからないようにラケットなどを動かしてカモフラージュすることを「モーションをかける」などと言うが、これは年配の方々にとっては、女性が男性を誘うことを意味するから気をつけなければならない。「シチズンの久保田隆三選手にモーションかけられてヤラれた」などと言うと、表現によっては取り返しのつかない誤解を呼ぶので注意が必要だ。

卓球特有の単語に「エッジ」があるが、ときどき発音が悪くて「エッチ」という人がいるから困る。そういう発音だと「一九七三年世界選手権サラエボ大会の男子シングルス決勝、ヨハンソン（スウェーデン）が郗恩庭（中国）に大事なところで四本も立て続けにエッチされて負けた」という、考えたくもない事態になってしまう。このプレーによってヨハンソンはフェアプレー賞を受けたが、いったいどんな〝プレー〟だったというのか。即刻ＩＴＴＦに取り消しを申請しなくてはならない。一度そういう発想になってしまうと「台上プレー」「ネットプレー」なども、どんなプレーなのかと心躍るから不思議だ。

「サービス」も、深読みをしたくなる奥の深い単語だ。「ショートサービス」よりは「ロングサービス」の方が楽しそうだし「しゃがみ込みサービス」「下を中心としたサービス」などと聞くと期待はいやがうえにも高まる。「フィンガースピンサービス」など、ちょっと怖い気もするがいったいどんな素晴らしいサービスなのかと思うほどだ（ただし「ぶっつけサービス」「投げ上げサービス」「ブッ切りサービス」は絶対にお断りしたい）。

以上、卓球コラム史上まれにみるさわやかな下ネタになったと思うがいかがだろうか。

この後に起こる悲劇を

知るよしもないヨハンソン

技術は何のためにあるのか

高校時代、今ではラージボール界のカリスマとなっている、村上力さん率いる『桔梗苦羅舞(ききょうくらぶ)』と団体戦で対戦したことがある。もちろん簡単に負けたが、そのとき村上さんが私の後輩との試合で見せた強烈に印象に残っているプレーがある。村上さんがバック前にサービスを出す。後輩はフォアでフリックしようと回り込んだが、サービスはネットインしたのでボールを返して構え直した。次のサービスもバック前に来て回り込んだがそれもネットイン。次もその次のボールもだ。回り込むたびにノーカウントになる異様な体験に首をかしげ始める後輩と、それを見てニヤニヤしている村上さん。最後はどうなったか忘れたが、このとき村上さんは、七本連続ネットインサービスを出したのだ。後に桔梗苦羅舞に入り、そのときのことを村上さんに聞いてみると「覚えてないけど、からかったんだろうね」と言った。そう、村上さんはネットインサービスをいくらでも出せる技術を持っているのだ。その後、私はテレビ番組に投稿するためにその技をビデオ撮影させてもらったが、三回ほどのトライでいとも簡単に連続十三回のネットインサービスを成功させた（投稿は不採用だった）。

これは、村上さんに物凄いボールコントロールがあるということではない。実はコツがあるのだ。ボールに若干の前進回転をかけ、なおかつ第一バウンドをネット際にして上昇中にネットに当たるようにすると、かなり安全にコートに入るのだ。当然、ネットに触れなければひどいチャンスボールになってしまうから、これはまさにネットインだけを目的としたサービスなのだ。卓球の技術とは試合に勝つためだけにあるものとばかり思っていた私は、この相手を愚弄するためだけに考え出された恐るべき無駄な技術と、それを考え出した村上さんという人間の曲がった頭の使い方に心底感服した。

以上は、技術そのものが目的のような例だが、多くの場合、技術とはある目的の手段である。卓球をする目的は人さまざまだ。健康のためという人もいれば、友達づきあいのためという人もいるだろう。それならそのための技術として「健康に良いフリーハンドの使い方」とか「人間関係を円滑にするインパクトの肘の角度」などいうものがあっても良さそうだが、そういうものは聞いたことがない。これらが目的の場合、特に論じることもないからだろう。

わざわざ技術を論じる場合には、その目的は勝つことにある。当然、その良し悪しの基準は、勝つのに有効かどうかという一点だ。ところが往々にしてこの原則は忘れられ、技術そのものが目的と化す。新しい技術が登場してもそれを認めず、自分の時代の技術に固執するのだ。かつて昭和初期にオールラウンドスタイルが出てきたとき、古い世代の人たちは「個々の技術が低下した」と嘆いたし、ラバーが普及すると「ラバーを使うと正しい基本が身につかない」と言われ、裏ソフトが出れば「基本は一枚ラバーで」と言われた。スピードグルーやテンション系ラバーに対して「用具に頼りすぎて技術が退化した」と嘆く卓球人が続出したのはついこの前のことだ。世界チャンピオンのガシアンがフォア前を〝逆足〟で処理しているのを指して「基本ができていない」と言った指導者もいた。

これらはすべて、技術の目的を忘れてしまった人たちの言葉である。選手たちは、勝つために有利な技術を選択し実際に勝っているのであり、古い技術は必要がないから使わないだけなのだ。現代の料理人に、薪でご飯を炊く技術がいらないのと同じである。古い技術を保存しておくことにも意味はあるが、それはあくまで歴史的価値としてである。

ネットインサービスに話を戻そう。仮に世界選手権で延々とネットインサービスを出し続けたとして、現行ルールではこれを禁じる方法がないことにお気づきだろうか。促進ルールさえまったくの無力なのだ。となると、0―0のまま二時間を越すという、一九三六年のエーリッヒ対パネス以来封じられたはずの記録を塗り替えることが理論的には可能なのである。おまけに、さすがの張継科も二時間にもわたって無駄な回り込みをさせられれば、怒ってユニフォームを引き裂いて「退場・失格」という結末も期待できないでもない。

一見無駄なネットインサービスの技術だが、その可能性は「最長ラリー記録」と「打倒中国」に向かって無限に開かれているのだ。となると、思い切って世界選手権やオリンピックに村上さんという作戦も……ないか。

卓球がヘタな人の特徴

大学の先輩に青山さんという人がいる。現在、中学校で卓球部の顧問をしているのだが、この方、中学生のときにはすでに将来卓球の指導をすることを決意し、そのために大学では教育学部に入り、教員になった後は出世にも名誉にも背を向けて卓球指導を満喫しているという偉い人である。修学旅行の引率中も抜け出して幕張の世界選手権を見に行ったと言えばその満喫ぶりがおわかりいただけるものと思う（こんな教員ばかりだと日本は終わりだ）。

その青山さんから非常に興味深い話をうかがった。卓球が下手な生徒に共通した特徴を発見したというのだ。特徴といっても、動きが遅いとか回転がかけられないとか卓球の技術そのものの特徴ではない。それは当たり前すぎて言うまでもないことだ。そうではなくて、一見、卓球の実力と関係がないと思われることで共通した特徴が見られるというのだ。

その特徴とは「相手にボールを渡すときにフリーハンドで投げる」「ラケットハンド

でガッツポーズをする」「ラケットで顔を扇ぐ」の三つだという。

青山さんはこの法則を「三十二年間の指導生活の結論」としていたく自信を持っており、この三つをやらせないことが上達の近道だとまで言う。

さっそくこれらを検証してみたい。

まず「フリーハンドで投げる」だが、これはその通りだろう。中級以上の人はラケットで打ってボールを渡すのに対して、初心者はフリーハンドで投げてあちこちにボールを散らす。利き手ではないためにコントロールが定まらないからだが、なにしろラケットで打つともっとコントロールが定まらないので仕方がない。上達すればラケットの方が楽でコントロールもよいので自然とラケットで打つようになる。彼らは下手だから投げるのであって、投げるから下手になったわけではないのだ。その証拠に、投げまくっているのに強い人たちがいる。インターハイベスト4の正智深谷高校女子だ。このチームの選手たちは平亮太監督の指導により全員が必ずフリーハンドで投げるのだ。しかも才能と豊富な練習量でコントロールが良いのなんの（笑）。

投げている人に無理やりラケットで打たせることは、病人に体操をさせるようなもので、かえってコジらせるものと思われる。

次に「ラケットハンドでガッツポーズをする」だ。私はそういう選手は見たことがないが、想像するだけでかなり不自然な行為に思われる。そこで、なぜ不自然なのかを考えてみた。

ガッツポーズというのは力を入れてやるものだから、普通は拳を握りしめてやるものだ。指をパーやチョキにしてガッツポーズをする人がいたら相当な変わり者だろう。もしラケットハンドでガッツポーズをしようとすれば、当然、ラケットを握った手の形のまま力を入れることになり、これが不自然なのではないだろうか。だからこれをやる人は普段からよほど力を入れてラケットを握っているか、グーのまま握っているかだろう。いずれにしてもまともな卓球は期待できないので、青山さんの法則は正しいことになる。だからといってフリーハンドでガッツポーズをさせれば上手になるかといえば……それはないだろう。まずグリップ直さないと。

最後に「ラケットで顔を扇ぐ」だが、確かに中学校の部活などで、ラリーの合間にパタパタとやる生徒がときどき見られる。そもそも卓球のラケットは、形も大きさもウチワに似すぎているのだ。これがテニスやバドミントンだと長すぎて顔などとても扇げないし、扇いだとしても穴だらけで役に立たない。野球のバットなど論外……だんだん何を書いてるのかわからなくなってきたが、ともかくだ、卓球のラケットは扇ぐことにかけては最適なのだ。

しかし強い卓球選手が扇ぐことはほとんどない。そもそもラケットを持っている状態で「顔が暑い」などという、プレーに関係のないことが気になるようでは強くなるわけがなかろう（世界選手権で扇いでいたヤツがいたような気がするが見なかったことにする）。そういう生徒にそれを禁じたところで集中するようになるわけではないので無駄である。

以上のように青山さんの法則は現象としては正しいと思われるが、それらは下手なことの原因ではなくて結果なので、撲滅すれば強くなるというものではないと思われる。さてそれでは、ゼッケンを腹につけたり卓球台の上に水筒を置くのは原因だろうか結果だろうか。……すまん。考えたくもない。

父の助言に従って、半年間卓球に集中した卓也は、なんとかセンター試験をくぐり抜け、東東(トントン)大学というそこそこの大学のシェークドライブ学部に入学することができた。といって特別シェークドライブが好きなわけではない。たまたま二次試験の科目に得意なバックフリックとしゃがみ込みサービスがあっただけのことだった。また、何かとつぶしの効くシェークドライブ学部なら、将来就きたい職業も思いつかない卓也にとって好都合だった。

大学の初日、大学生になったことをまず実感したのは言葉遣いだった。高校まで「授業」と呼んでいたものは大学では「講義」だし「一時間目」は「一時限目」だし「先生」は「教官」だ。小学校から中学校にあがったとき、テストの問題文が「フォアハンドを打ってみましょう」から「打ちなさい」に変わり、さらに高校になると「打て」となって、そのたびに大人になったような心細いような気持ちになったものだったが、大学はその最終段階なのだ。

言葉遣いより大きな違いは教官だった。姿勢が違うのだ。高校までは、なんとか生徒の卓球を上達させようという熱心な先生が多かった。台を二台並べてのフットワークや、腰に三〇キロの砂袋をつけてのフットワークや真夏にストーブを焚いてのインターハイ対策など、生徒だけではなく、それに付き合う先生も瀕死の状態で授業をすることさえ珍しくなかった。

大学の教官はまったく違った。一時限目の「変化サービス」の教官は、練習場に入ってくるなり黙々と壁打ちをしたかと思うと目についた学生をとっつかまえてムチャクチャなぶっつけサービスを出し、学生が返せないと「ハイ落第」と言い放った。二時限目の「日本卓球史」の教官は、腰に手拭いをぶら下げて長ズボンに裸足で出てきて、学生のボールを木ベラで全球スマッシュをしてまったくラリーをさせず（もちろん教官のボールが入らないからだ）、気が済むと「バカ」と言って帰って行った。卓球選手としては優秀なのだろうが（とてもそうは見えない）、人にものを教えるという資質が根本的に備わっていないようだった。

「良くも悪くもこれが大学というところなのだな」

卓也は比較的冷静に受け止めた。もともと卓球にそれほど熱心ではなかったし、大学には就職のために入っただけなのだ。

それよりも卓也の関心事は、高校時代に出合った町の勉強クラブだった。クラスメートの学に感化されてすっかり物理学に魅了されたものの、受験卓球のために半年間、勉強を封印してきたのだ。今日はその勉強クラブに半年ぶりに顔を出す日なのだ。

「今日から誰にも遠慮せずに思いっきり勉強ができるぞ」

講義を終えた卓也は、行く手を阻(はば)むように声をかけてくるサークルの勧誘を無視しながら構内を急いだ。

と、卓也の目にある看板が飛び込んできた。

「物理愛好会」

目を疑った。卓球が本分であるはずの大学に勉強のサークルなどあるわけがない、そう思い込んでいたのだ。そもそも勉強とは頭が悪い人間がするものだし、中でも物理学者といえば、朝から酒びたりで博打(ばくち)に明け暮れ、喧嘩をしたり女を売りとばしたりといった〝ならず者〟のイメージが一般的だ。アインシュタインが「神はサイコロを振らず」などと余計なことを言ったばかりにかえって博打好きのイメージがついてしまったのも大きかった。小さいころから卓球一筋のエリート学生の大学に、そんな物理のサークルがあるなどとはまったく想像していなかったのだ。

嬉しさに顔をほころばせた卓也は、ノックの返事も待ちきれずにドアを開けた。

「入っちゃダメーッ！」

女の叫び声が鳴り響いたが、すでに押し込んだドアは室内の暗幕を押しのけ、真っ暗な部屋に外光を投げ込んでいた。

「あーあ、実験が台無しだ」

「だから鍵をかけておけって言っただろ」

「入って来る人なんかいないと思ったんだよ」

卓也は自分が実験の邪魔をしたらしいことに気がついた。

「す、すいません」

電灯がついて明るくなった部屋には、レーザー発振器やスクリーン、そして物々しい防震台が所せましと詰め込まれており、その中心に一匹の子猫が横たわっていた。

「まさか!」

それはまぎれもなく、物理学史上もっとも美しい実験と言われる「ヤングの実験」だった。卓也は興奮でほとんど窒息しかけた。しかし、この猫はなんだろう。物理学で猫といえば〝シュレディンガーの猫〟が有名だが、それはあくまで思考実験のいわばたとえ話だ。本当に猫を捕まえてきて実験をすることに意味などない。

「びっくりした? 〝ヤングの実験〟と〝シュレディンガーの猫〟を合体させた〝シュレディンガーの若猫(ヤング)の実験〟よ」

正気の沙汰(さた)ではない。電化製品や料理じゃあるまいしそもそも実験を合体させること自体に意味がないし、ヤングの意味も完全に誤解している。駄洒落にしてもひどすぎる。

「私たちのオリジナルなの」

当たり前だ。それより、この女性は実験が終わっているのになぜ真っ黒な遮光メガネをつけたままなのだろうか。

「君、一年生?」

やはり遮光メガネをつけたままの痩せ型の男が聞いた。

「部屋、間違えてない? ここは物理愛好会なんだけど」

やはり遮光メガネをつけたままの丸顔の男が言った。

「はい、僕、物理……あ、いや、部屋を間違えたようです」

いくら物理が好きだといっても、こんな訳のわからない人たちと付き合うわけにはいかない。そもそもこれは物理ですらない。

あわてて部屋を出ようとした卓也は、入れ違いに入ってきた男とぶつかった。腰から手拭いを下げた裸足の男が、顔にフルフェイスの溶接用ゴーグルをつけていた。どう見ても今朝の木ベラの教官だった。

「教官」

「ん？　その声は今朝の一年生だな？　まだやるか？　ん？」

そう言うと彼はいかにも木ベラらしい歴史的フォームで素振りをしたが、残念ながらそれは異様にへっぴり腰だった。前が見えていないのだ。

「この方は私たちのクラブの顧問の榊原先生です。シャイだからいつもこのゴーグルをつけていらっしゃるの」

冗談ではない。この格好で外を歩く人がシャイなものか。一刻も早くこの部屋を出なくてはならない。

「きみィ、マイケルソン・モーリーの実験は知ってるかね」

「はい、エーテル仮説の実証……あ、いえ、知りません」

榊原先生と呼ばれるその男が顔からゆっくりと溶接用ゴーグルを取ると、顔が白く塗りたくられ頭にはアフロヘアのカツラを被っていた。

「これからマイケルジャクソン・モーリーの実験をするんだけど、あなたも見学して行かない?」

遮光メガネを外した女性が卓也に微笑みかけた。可愛かった。


十分後、卓也は物理愛好会に入会していた。それは遮光メガネとのギャップで女性が不当に可愛く見えたためだったのかもしれないし、実は駄洒落の物理実験に惹きつけられたのかもしれなかった。

卓也は自分が卓球からも物理からも外れたどうしようもなく誤った世界に足を踏み入れようとしているのを感じた。頭の中でキング・クリムゾンの『太陽と戦慄パートⅢ』のイントロが鳴り響いていた。

第二章

卓球の常識を疑え！

誰もインパクトを見ていなかった！

一九九〇年代前半まで、日本卓球界では「フォアハンドはインパクトの瞬間まで顔の正面でボールを見よ」というのが常識のように言われていた。確かに卓球雑誌などの写真では、一流選手たちは首を回してインパクトを見ていたが、私にはあることが引っかかっていた。まれに視線がわかる写真があるのだが、それはいつもインパクトからズレていたのだ。しかし、常識を信じたかった私は「これはちょうどインパクトの瞬間ではないからだ」などと理屈をつけて自分を納得させていた。

そんなことも忘れかけていたあるとき、故・長谷川信彦（一九六七年世界チャンピオン）が出たテレビ番組を見た。ラリー中の長谷川の顔がアップになったとき、不意に私は長谷川の目の動きをチェックすることを思い立った。ビデオをコマ送りにした私は「あっ」と声を上げた。視線がボールを追っているのはボールがネットを越えたあたりまでであり、その後は顔だけがボールを追い、視線は前方に固定されたままだったのだ。ボールが速すぎるわけではない。六十五回／分のワンコースの緩（ゆる）いフォア打ちで何本もである。

他の誰よりも基本に忠実で、ボールを見ようという意識が首の動きに表れている長谷川がインパクトを見ていないのだ。そう、一流選手は昔からインパクトを見てなどいなかったのだ。

この事実に愕然（がくぜん）とした私は、さっそく自分のプレーを撮影してみて再度愕然とした。私はしっかりとインパクトを見ていた。自慢しているのではない。逆だ。これは才能がないということなのだ。一流選手たちは「インパクトまでボールを見ていたら卓球などできない」ということを練習によって体が判断し、ボールを見ようという意識さえも裏切って、現代の選手と同じ実用的な目の動きをしていたのだ。

ボールを見ることに関連するが、卓球選手にとって永遠の課題は、切れた下回転とナックルの見極めだろう。昔から一流選手や指導者たちはこれを、ボールの飛び方を見て判断できると言ってきた。回転によって飛び方が違うのは物理的に当然だが、問題は、本当にそれをわかる人がいるのかだ。飛び方で回転がわかるのなら、一九六〇年代に張燮林が初めて粒高ラバーをひっさげて登場したとき、どうして誰も彼の変化カットを打ち抜けなかったのだろうか。一九八〇年代前半、蔡振華の両面クロのアンチと裏ソフトの反転サービスをどうして誰もまともにレシーブできなかったのだろう。このことは、飛び方で回転を判断できる人は、世界の一流選手の中にもほとんどいないということを明確に示している。坊主頭にハチマキをした高校生がコーチにシバかれながら穴が開くほどボールを見たところで、回転がわからないのも無理からぬことなのだ。現実に回転がわかる人は、スイングかラケットからのボールの出方で判断していると推測する。実験が待たれるところだ。

テレビ番組などで「卓球のスマッシュは時速二〇〇キロ」などと出ることがあるが、これもデタラメだ。一九八二年に日本卓球協会が測定した結果によれば、当時の日本代表で最速だったのは、カミソリスマッシュと恐れられた小野誠治（一九七九年世界チャンピオン）で、初速が時速九十八キロだった。もちろん三十八ミリボールでだ。相手コートまで飛ぶ間に六割ぐらいまで減速することが知られているので、平均時速は七十五キロ程度だろう。しかもこれはマシンのワンコースのボールに対してであり、実戦では当然これより遅い。時速二〇〇キロどころかその三分の一も出ていまい。だいたい、時速二〇〇キロなどあり得ないことはビデオでコマ送りをしてみればすぐにわかる。一コマは三十分の一秒だから、時速二〇〇キロなら一コマ一・九メートルで、コートの端から端（二・七四メートル）を一・五コマで移動しなくてはならない。そんなスマッシュは有史以来一度も打たれていない。実際にインパクトからエンドライン付近までのコマ数を数えると、吉田海偉のロビング打ちで三コマ半、柳承敏の最速ドライブで四コマ、リ・ジャウェイのスマッシュで五コマかかっている。その五コマでも時間はわずか〇・一七秒で人間の反射限界以下の時間なのだ。卓球の凄さをアピールするのに時速二〇〇キロなどとデタラメを言う必要はどこにもない。

卓球界にはこのようなウソや間違いがたくさんはびこっているのに、なぜか誰も指摘する人はいない。こういうことをひとつずつ解き明かしていくのも、私の役目だろうと、このたび勝手に決めた次第である。

荻村
長谷川
伊藤
世界チャンピオン3人とも
インパクトを見ていない

自然で美しい卓球

よく卓球の技術で「自然に打つ」という表現を見ることがある。一般に自然とは、人間の知性を介さないもののことだが、卓球で使う場合は「人間の体にとって無理のない動作」のことだと思われる。

しかしこれは無理な話なのだ。卓球をすること自体が人間にとって少しも自然ではないからだ。人間の体は遺伝子の突然変異と自然淘汰(とうた)によってできたものだが、進化の過程で卓球をしなくてはならなかったことなど一度もないのだ。

卓球は、持ち時間の少なさから、体を正面に向けたまま前後左右に動くことが要求される競技だが、まずこの動きが異常極まりない。そんな動きが備わっているのはカニかフンコロガシくらいのものであり、人間の体はそのようにできていない。だから、自然に打つことを重視しすぎると弊害が出てくる。

たとえば、フォアに飛びつきながら打球する場合を考えてみる。日本では一九八〇年代半ばまで、足を交差させて左足(右利きの場合)を踏み出す動きが主用されてきた。

右腕の振りと左足の踏み出しが、ちょうど人間が走るときの手足の動かし方と合致していて「自然」でバランスがよいという考えがあるからだ。この考えが、より「不自然」でバランスの悪い右足一歩動の主用を遅らせ、それは打球点をも遅らせた。自然を重視しすぎた悲劇だ。

もっとも、現実には多くの指導者はこの「自然」という言葉をもっと別の意味で使うことが多い。あまりにも絶望的なクセのあるフォームを見せられたときなどに、言葉に窮して「もっと自然に打ちなさい」などと言う場合だ。これは一見アドバイスのようだが、実は「普通にやればこうなるだろ」と言っているのであり、できる者の驕りと無知の表れに他ならない。

とは言え、私も経験上、そう言いたくなる気持ちはよくわかる。インパクト直前にビタッとラケットを止めたり、逆にインパクト後に一秒くらいかけてはるか左耳のところまでラケットを振ったり、柳承敏の変化サービスのように裏が見えるほどラケットを激しく反転させながらフォア打ちをしたりされると、さすがに「あの、どうしてそんな……何か気に入らないことでも？」と言いたくなる。両手を顔の高さまで上げて、まるでクワガタ虫のように構える奴と対戦したこともある（しかも負けた）。

クワガタはともかく、一見、奇妙な打ち方をしている人たちは、卓球という人体への異物を前にして、それぞれに「自然な」反応をしているにすぎない。そういう人たちが上手になるためには、矯正（きょうせい）という、不自然な行為が必要なのだ。ワルドナーや水谷の卓球を見て「彼らのように自然にやればいいんだ」と思ってはいけない。彼らは自然にやっているから上手いのではない。天才だから自然に卓球をプレーできているだけなのだ。

日本卓球界の自然信仰の背景には、ひとつの優れた点が、他のすべてのことにも通用するという「一事が万事」あるいは「糞味噌（くそみそ）ごっちゃ」の考え方がある。体にとって自然な動きのフォームが上手なフォームであり、強い人のフォームは見ても美しいはずであり、卓球が強い人は教えるのも上手で人間的にも優れているはずだ、といった考え方だ。しかし、美しいことと強いこととのつながりはないし、健康な人なら医者をやれるというわけでもない。人間性にいたっては意味すら不明だ。要するにこれらは、日本人の美意識に基づいた願望にすぎないのであって、勝つための方法論としては何の根拠もないのだ。

中国の卓球には、昔から美意識というものが感じられない。荘則棟、郭躍華、劉国梁といった歴代選手たちの、前腕に対して曲がったグリップや終点のはっきりしないフォームは実用品の塊（かたまり）であり、美を意識した形跡が微塵（みじん）もない。美意識がないから両面同色の異質プレーをナショナルチームにやらせることができた。彼らには邪道も正道もない。あるのは、役に立つか立たないかだけなのだ。

　自然で美しい卓球をしたいという、日本の卓球のあまりにも高い理想が、皮肉にも中国に差をつけられてきた原因だと私は見る。インターハイで勝つために中国人留学生を入れるという、美意識のかけらもない行動ができるのだから、卓球そのものも実用主義に徹しようではないか。

これはさすがに「不自然」だろ
何如（いか）なる意味においても、
サポーター

一流選手の話

昔、「卓球レポート」に『一流スポーツマンの話』という連載があった。卓球だけではなく他のスポーツを含めた一流選手のインタビューを載せたもので、のちに単行本にもなった。一流選手たちの競技に対する姿勢、努力の軌跡に焦点が当てられ、得るところの多い秀逸な連載であった。

しかし、一流選手の話でも、具体的な技術論となると実はそうありがたい話ばかりでもない。一流選手は肝心なことは体で覚えていることがほとんどであり、それを言葉で説明することは至難（しなん）の業（わざ）なのだ。

一九八〇年代の中頃、二大会連続で世界チャンピオンになった郭躍華の講習会に参加したことがある。そこで郭躍華が語ったことは衝撃的だった。「ドライブのコツは手首を使って回転を強くかけることです」と言うのだ。なんということだろう。これでは「野球でホームランを打つコツは、バットを強く振ってボールを場外に叩き込むことです」と言うのと同じではないか。これよりはマシだが、ワルドナーも指導ビデオの中で「バックスイングを大きめにとる」「手首を使う」などと、わざわざ世界チャンピオンに教えてもらわなくてもよいことを言っている。もっとも、こういう文句を郭躍華やワルドナーに言うつもりはない。体で覚えていることを言葉にして他人に伝えることは難しいことだし、そもそも選手である彼らにとってそれは必要ですらないことなのだ（それが必要なのは指導者だ）。彼らはプレーのプロであって指導や理論のプロではない。「プレーが上手なら指導も上手なはずだ」という我々の思い込みの方こそ間違っているのである。

一流選手に限らず、自分が打球の際に実際にやっている動きを正しく認識することは難しい。たとえば前述した「インパクトまでボールを見る」にしても、実際には見ていないのに本人は見ているつもりでいるし、「下回転とナックルを同じモーションで出す」と言うのもそうだ。ある指導ＤＶＤで、一流選手がサービスの下回転とナックルの使い分けを解説しているシーンがあった。本人は「同じフォームで出すようにします」と言っているが、その実技をコマ送りで見ると、まったく違うフォームだった。どのように違うかというと、下回転の時にはナックルに見えるように打球後にラケットを立てているし、ナックルのときにはその逆になっている。つまり、実際の回転と逆の印象を相手に与える工夫をしているのだ。そういう工夫が長年の修練によって身についていて、すでに本人はそれを意識しないレベルにまでなっている。意識していないので、彼はそれを「同じフォームで出している」と思って他人に説明しているわけだ。むしろ私はここにこの選手の修練の凄さを見て感動したくらいだ。同様のカモフラージュの動きは、一九九五年天津大会男子団体決勝でカールソンからサービスエースを何本もとる丁松にも見られる。なんという卓球の奥の深さだろう。

困ったのは、下回転で切れたボールと切れてないボールを見分ける方法として「切れたボールは重そうに飛んできます」というアドバイスだ。「重そうに」見えるくらいなら何もアドバイスをもらう必要はない。そう見えないから困っているのだ（笑）。切れた下回転は、それが見分けられる人にとっては、打つと下に落ちるという連想から「重そう」に見えるのであって、それが見分けられない人にとっては意味をなさないアドバイスなのだ。

もうひとつ困ったのが、よく言われる「重いボール」だ。「重いボール」とは、ラケットに伝わる衝撃が大きいボールのことだから、単に速いボールか回転の多いボールのことである。速さと回転の他に「重さ」というものがあるわけではない。だから雰囲気を表す表現としては良いのだが、技術論としては意味のない表現なのである。

あるテレビ番組で、試合を前にした福原愛が元一流選手に指導されている場面があった。そこで福原は「速いけど軽いからダメだ」と言われて首をかしげながら何度もスマッシュを打たされていた。これでは何を努力したらよいのかわからない。実態のないものを要求される福原が不憫（ふびん）であった。星飛雄馬のようにボールが軽い原因を体重に求め、体重を増やす努力をしたりしなければよいのだが。ボール、ますます軽くなるぞ。

このようなことがあるので、一流選手たちの技術論を聞くときにはよくよく注意が必要なのである。

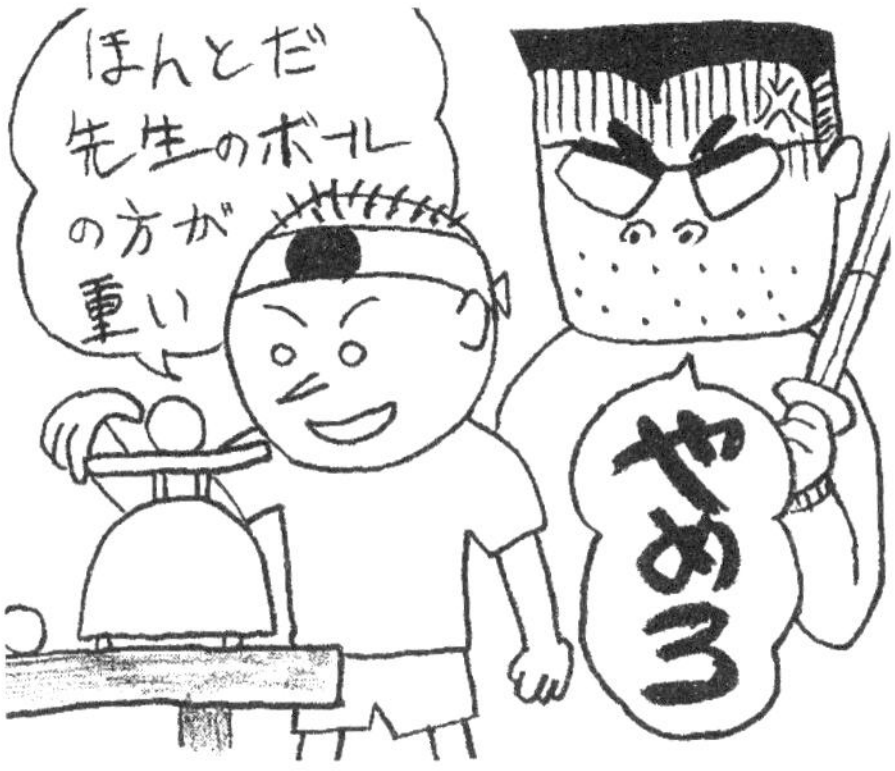

用具の効果

結論を先に書いてしまうと「卓球は用具の違いはほとんどないので、高いものを買う必要はない」というものである。

用具の違いがないといっても、裏ソフトと粒高が同じだという意味ではもちろんない。そうではなくて、たとえば高弾性裏ソフトとして発売されているものなら、メーカーや商品による違いはそんなにないという意味だ。そして、この違いは、選手の技術レベルが低い場合、つまり、中学校の卓球部員の平均的な実力以下の選手たちには、ほとんど意味のない違いだというのが言いたいことである。

たとえば、普通の裏ソフトで台上で止まるサービスを出せない人が、粘着性ラバーに替えたら切れるようになるだろうか。少しは回転が増すかもしれないが、戦績は上がらないだろう。ほとんどナックルのサービスの回転量が何%か増したところで、それは依然としてナックルであり、レシーバーには何の影響もないからだ。たとえばドライブを二十本ノーミスで打てない人がラケットを替えたら入るようになるだろうか。二十本打てないということは、正確なスイングとボールへの対応力が身についていないということだ。そもそもまともに当たっていないのだから、ラケットなどどれでも同じである。打球感もクソもないのだ。

もちろん、技術レベルが高くなれば用具による影響は無視できない。技術の幅に比べれば用具の差はほんのわずかなものだが、上級者同士の試合ではそのわずかの差を争うわけだから、選手との相性を含めて、用具の影響があるのは当然である。

わずかでも差があるのなら、レベルが低い同士の試合でも影響がありそうなものだが、そうはならない。レベルが低いということは、技術の絶対値が低いだけではなくて、バラツキも大きいからだ（だからこそレベルが低いわけだが）。不安定なラケットの角度やスイングが極めて大きなノイズになり、用具のわずかな違いは勝敗に影響しえないのだ。激しく揺れるトラックの上で米粒に字を書いてるような状態で筆を選んでもしょうがないのだ。

技術レベルの低い人たちは、いたずらに高い用具を頻繁に買い換えたりせず、標準的な用具できちんと練習することが勝利への近道だという、実に当り前のことを私は言いたいのだ。

販売店にしてみれば、高い商品が売れた方が得だろう。しかし、初心者に高い商品を勧める店員はまずいない。卓球用具店に勧めるくらい卓球が好きで卓球を知っている人なら「卓球良心」とでもいうべきものがあるからだ。もっとも私の大学時代、ある初心者の後輩が卓球専門店に用具を揃えに行き、バタフライの「サイプレス」(日本式ペン檜単板)に「フェイント」(粒高)を貼られて帰ってきた例もあるので、油断はならない。店員に勧められたと言っていたが、いったいどんなトンチンカンなやりとりがあったのだろうか。

さて、こんなことを書いたら、高い用具を買う人が減って販売店やメーカーに損害を与えるだろうか。幸いにもというか残念ながらというか、そうはならない。まず、下手な人のほとんどは自分を中級者だと思っているので、自分にはあてはまらない話だと考える。またそうではない人も、人間は弱いもので「高いものを使えば上手くできるかも」という甘い考えを捨てられないのだ。以前、指導していた中学生から「もっといい用具ないですか」と何度も聞かれ、そのたびに「今ので十分だからもっと練習しよう」と言ったものだったが、その生徒はすでに「ティモボル・スピリット」に「ブライス」を貼っていたのだ！「もっといい用具」どころの話ではない。

お金のある人が道楽で高い用具を買うのは業界のためにも大賛成だ。しかしそうではなく、無駄なお金を使わずとにかく勝ちたいだけの人がいたなら、その答えはすでに目の前にある。

ところで私は、上級者における用具の影響についても、実は懐疑(かいぎ)的である。「錯覚」「再現性」「バラツキ」がそのキーワードだが、これ以上書くとメーカーの営業妨害になるので止めておく。もう書いたようなもんだが。

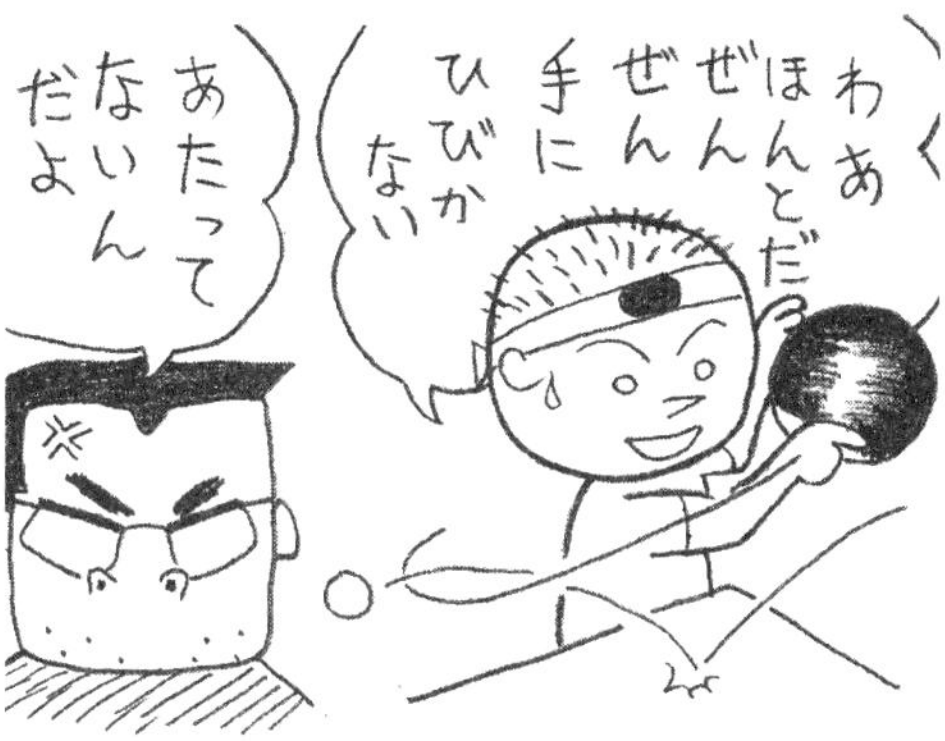

フットワーク練習考

昔からあるごく基本的な練習に、左右のフットワーク練習がある。相手にボールを左右のコーナーに規則的に送ってもらい、オールフォアでラリーを続ける練習だ。一見、フットワークの基本中の基本とも思われるこの練習が、実はそうでもないというのが私の考えである。

初めてこの練習をすると、誰でもうまく続かない。そのうち、続けるためにはあるコツが必要だとわかってくる。それは次のような動きだ。フォアサイドのボールを打つときは、ボールが来る前にフォアサイドに動き、ボールが来たら止まったままか、またはバックサイドへ移動を始めながら打球する。バックサイドのボールも同様だ。このようにすると体勢が崩れずラリーが続くようになり、それが上達することだと考えられてきた。指導者も「動きながら打つな、ボールより早く動いて打て」と、さもこれが理想的な動きであるかのように指導をする。

しかし考えてみてほしい。実戦でフォアサイドに振られたときに、このような動きをする人がいるだろうか。実戦では、どの時代のどの選手も一歩動だろうが交差歩だろうが、一〇〇%、フォア側に移動しながら打つのだ。このとき、移動のために足を使い、同時にフォアハンドの腰の回転を生み出すためにも足を使わなくてはならない。この複合した足の動きと打球点へのステップの選択・調整、そして打球後のリカバリーこそが難しいところであり、それゆえにもっとも多くの練習が必要なところなのである。

ところが先に挙げた練習にはそれらの動きがない。腰の回転がないままに移動のためだけに足を使い、次に腰の回転のためだけに足を使う。これは、サッカーのキックの練習をするのに、ボールのところまで走り、止まってからボールを蹴る練習をしているのと同じことである。どんなにこの練習をしても助走してボールを蹴る技術は身につかないし、その基本にすらならない。肝心なところが違いすぎるからだ。左右のフットワーク練習もこれと同様に、実戦の基本になっていないのだ。

たしかに実戦でも、カット打ちなどでこの練習と同じような動きをする場合があるから、まったく無駄な練習というわけではないだろう。しかし、トップスピンで左右に振られたボールをトップスピンで打ち返すという、もっとも必要かつ難しい技術を、わざわざありえない動きで練習する必要はない。配球をランダムにするか、規則的でも意識して移動しながら打つ練習を最初からするべきなのである。

ところで、先の練習のような動き方をするとラリーが続くようになるのはなぜだろうか。それは、動く幅が小さくてすむからなのだ。物体には慣性というものがある。実戦と同じようにボールの方向に動きながら打てば、必ず打球位置よりも遠くまで動かなくてはならない。そうすると、動く幅がボールをまわす幅よりもはるかに長くなってしまうのだ。これを避けるために「ボールより早く」移動し、静止して打球する必要があったのだ。「早く」という言葉が「速く」と混同しやすい日本語の偶然も重なり、この練習は、さも高いところに目標をおいた厳しい練習のように聞こえながら、実は動く幅が狭くてすむ楽な練習だったのだ。動きが楽とはいえこれを何十球も続けるのは大変に苦しい。そしてこの、何十球も続けるという、実戦では有り得ない過剰な練習目標が、動き方に歪（ゆが）みとなって現れてしまったのが、この左右のフットワーク練習なのである。

日本には昔から、こういう実戦的ではない練習が定着してしまう傾向がある。その根底にあるのは、物事に「理想の姿」を追い求めすぎる日本人のメンタリティーである。そして、しばしばその「理想」は実現不可能なものに設定され、その理想が高いことと練習の苦しさが効果を保証するかのように錯覚し、有効性の検証をおろそかにしたままのめり込んでしまうのである。一定の理想のスイングを求めて素振りに練習時間を費やしたり、中国に三、四本のラリーで負けているのに、三千本ラリーをナショナルチームにやらせてしまうのは、そのためなのだ。

卓球技術の進化は練習方法の進化だと言っても過言ではない。より実戦的で効率のよい練習方法を開発するための唯一の方法は、地道なようだが、実戦の動きをとことん観察し、分析していくより他にはないのだろうと私は思う。

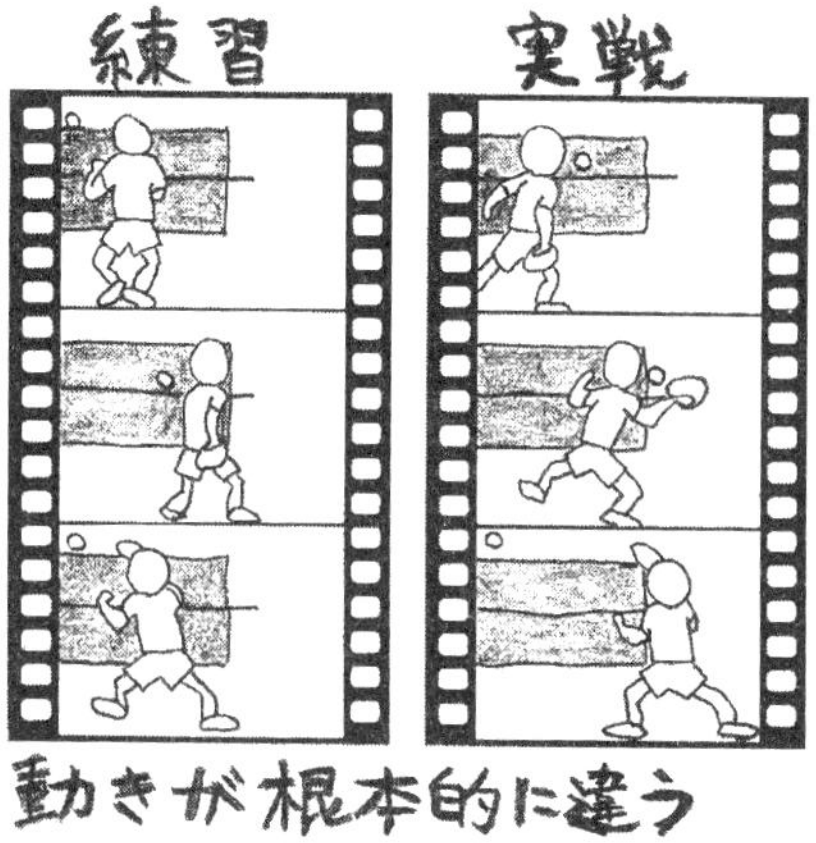

分習法の落とし穴

一九五〇年代、世界選手権に初登場した日本は、圧倒的な速さと正確性をそなえた攻撃卓球でいきなり世界の頂点に立った。彼らの技術を支えていたのは、実戦から個別の打法や動きを抜き出して集中的に繰り返すことで技を高める「分習法」という練習方法であった。当時の世界の卓球界では練習といえば実戦と同じように打ち合うことが主流だったのに対して、日本では古くから分習法が自然に行われていたのだ。日本は世界一優れた練習によって、なるべくして世界一になった。

だが、分習法には大きな落とし穴があった。実戦から部分を切り取った練習であるがゆえに、実戦とかけ離れた練習になってしまうことだ。事実、当時の日本の練習にもそのような欠点はあった。

合理的な考えをもつ中国や欧州の選手たちは、日本の分習法をより実戦的なものに改良して取り入れていったが、日本の選手たちは「分習法の落とし穴」に深く深く入り込んでいった。その後何十年間にもわたって日本に定着し続けた、ひとつの打法をワンコースで続ける練習、規則的なコースで続けるフットワーク練習、素振りやシャドープレーといった練習が、ベストのものとは言えなかったことはその後の歴史が証明している（さもなくば日本はずっと世界を制覇し続けていたはずである）。

興味深いのは、一九六〇年代の卓球雑誌や指導書でも「分習法に偏ってはならない」「実戦で意味をもつ練習でなくてはならない」と、ちゃんと分習法の危険性が指摘されていることだ。ところがそう書いてある当の記事の結論は「どこにボールが来てもよい体勢で打つ」「本当にボールを打っているつもりで素振りをする」というものであった。練習は実戦的でなければならないと考えながらも、旧来の枠を越えた発想をすることができなかったのだ。

実戦的な発想ができなかったのには文化的な背景もある。日本人は「基本」が好きだ。すべての物事にはそれを支える基本があり、それを極めることが成功の秘訣であり美徳であるという考え方だ。だからフォアハンドがある程度できても、実戦的な方向に進まずに、それを千回続ける方向に爆進してしまう。さらにやっかいなことに「基本」はその性質上、仮に間違っていても容易なことでは修正されない。最新のトップ選手たちの実技が旧来の基本に合っていなくても「これは応用だから例外、これを裏で支えているのは基本」と解釈することが可能だからだ。かくして日本では何十年も変わらない「基本」が生き続けることになる。

基本そのものについての誤解もある。基本は、できなくてはならないものだが、ある程度できれば十分なのであり、極めるべきものではない。卓球を数学に置き換えてみればわかりやすい。数学にとって足し算引き算は基本である。これができなくてはどのような数学もできない重要なものだ。だからといって大学受験前に「絶対的安定性と自信を身につけるため」に足し算引き算を三千回する人はいない。勝負はそんなところではないからだ。

中国や欧州が合理的だと言っても、何も難しいことを考えているわけではない。私も長い間、彼らにはさぞかし進んだ精密な理論があるのだろうと思っていた。ところが講習会や雑誌などで得られる情報はいつも拍子抜けするような単純なものばかりだ。隠しているのかとも思ったが、そのうち、そんなものはないのだとわかった。彼らはただ物事を見たまま単純に考えているのだ。むしろ何も考えていないと言っていい。試合ではボールはどこに来るかわからないし千回続くこともないしドライブで得点できればスマッシュは要らない。だから練習もそのようにする。それだけだ。日本人が勝手に、見えていないものまで見ようとしているだけなのだ。本当に実際に試合で使う技と動きだけを、効率よく練習すればよかっただけなのだ。

なお、本稿を読んで「そうか、俺たちの練習は実戦的だから正しいんだな」と喜ぶ中学生がいると思うが慌(あわ)てないでもらいたい。指導者のいないほとんどの中学生は基本練習のしなさすぎであり、実際には足し算も引き算もできないレベルにあることを付け加えておく。少しは基本練習しろと言いたい。

オールフォアの迷宮

一九六〇年代に中国に敗れて以来、日本の攻撃選手はフォアハンドに偏りすぎていると言われ続けてきた。どうにかそれが言われなくなってきたのは、ほんのここ数年のことである。スウェーデンのジャーナリスト、イエンス・フェリッカと元ナショナルチーム監督のグレン・オーストは、その共著書『スウェーデン卓球 最強の秘密』（ヤマト卓球 一九九一年刊／絶版）で、日本のオールフォア卓球について「卓球の流れや相手の力量を低く見積もっている表れである」と書いている。ちょっと堅い表現になっているが、くだけた言い方をすれば、これは「お前ら、卓球ナメてるだろ」ということだ。それほど日本のオールフォアへの固執は異常なものだったのだ。いったい何がその原因なのだろうか。

その第一は、日本人の求道的な価値観にある。「石の上にも三年」とか「二兎を追うものは一兎も得ず」といった諺にもあるように、日本人はひとつのことに打ち込むことを良しと感じる傾向がある。私が卓球を始めた一九七〇年代後半でも「フォアもできないうちからバックを振るなんて生意気だ」とか「カットマンのくせに攻撃するな」などと言われたものだったし私もそれに納得していた。要するに我々は、フォアであれカットであれ、とにかくひとつのことを極めることに気持ちよさを感じる民族なのである。

日本の卓球の歴史をさらに遡れば、さらに興味深いことがわかる。卓球は明治三十五年に日本に輸入されたが、競技用の打法として最初に定着したのはショートだったという。大正末期にはこれを打ち破るためのロングが確立され、さらに昭和十年頃にはこれに対抗するカットが全盛となった。その後、これらを併用するオールラウンドが登場したという（今孝『卓球 その本質と方法』旺文社 昭和十七年刊／絶版）。オールラウンドというと、朱世赫のようにカットも攻撃もするスタイルを思い浮かべるかもしれないが、少々意味が違う。攻撃選手がツッツキやショートをするだけでオールラウンドなのだ。それ以前はなんと、ショートならショート、ロングならロングだけを使って試合をやり通すことが理想とされていたのだ（木ベラのためそれが可能だった）。当時の選手の試合として、三メートルもの高さのロビングと、それをネット際に2バウンドで止めるショートの応酬という、冗談かと思うような「名勝負」の話が残っているほどだ（季刊『卓球人』第三号 二〇〇〇年刊）。これほどまでに日本人の求道主義は根深いのであり、これが日本人をオールフォアに固執させたのだ。

第二の原因は、バックハンドを強化しようにも、その練習方法がわからなかったことだ。日本では一九八〇年代まで、規則的なコースの練習が主流だったため、バックハンドの練習といえば、バックハンドを連続して打つか、せいぜいフォアと交互に打つもので、いずれも次にバックを打つとわかっている状況での練習であった。そのため、瞬間的な判断を含む切り替え能力が身につかず、実戦ではよほど余裕のある場合にしか使えない状態であった。この背景には「ランダムコースでその場しのぎのごまかし打法を身につけるより、まずは規則的コースで完璧なバックハンドを」という考えがあるのであり、根は第一の原因と同じく求道的な価値観にあるのだ。

結局、何事もひとつの道を深く極めようとする日本人の民族性が、日本選手を「オールフォアの迷宮」へといざない、そこから出ることを許さなかったのだ。その点では、最高度の多様性と複雑さを持つ「卓球」は、日本人に最も合わないスポーツなのかもしれない。

ではどうしたらよいのか。簡単だ。求道的とは対極にある「最近の若者」の特性を利用するのだ。彼らが本来持っている、決心しても飽きたらすぐに止める柔軟性、すべてが中途半端な状態に堪(た)える精神力、ちょっとしたことでキレる瞬発力といった素養を最大限に伸ばしてやればよいのだ。そんな奴らと卓球をするのは地獄の苦しみだと思うが、それに耐える精神力が日本の指導者には求められているのだ（やっぱりギャグになってしまった）。

フォア打ちを疑え！

卓球の基本のひとつにいわゆる「フォア打ち」がある。フォアハンドで弱い前進回転で比較的ゆっくりと相手のコート深くに入れる打法だ。ドライブもスマッシュもこの基本の上に成り立っており、初心者はまず最初にこれを習得するべしという常識がある。しかし、私はこの常識に異論を唱えたい。

私が最初にフォア打ちに疑問を持ったのは学生時代のことだ。ある卓球雑誌に、当時の世界チャンピオンだった江加良のフォア打ちの連続写真が載っていたのだ。そのフォームには、江加良の卓球の輝きが何ひとつ表現されてはいなかった。相手の決め球をことごとく前陣ではね返す超絶カウンターによって、一九八〇年代を速攻の時代へと導いたプレーとはまったく無関係な、いわばどうでもいいようなフォア打ちの姿がそこにはあった。「江加良の卓球にこのフォア打ちのフォームは何ひとつ寄与していない」と私は思った。

きっかけはもうひとつある。当時私は、現在、ラージボールのカリスマとなっている村上力さんの卓球クラブに通っていたのだが、村上さんは「フォア打ちは試合で使わないので練習する必要はない。スマッシュとドライブだけ練習すればよい」と言っていたのだ。私は、自分の信じてきた常識を否定される不快感を感じながらも「もしかするとそれは正しいのかも」という不安にも似た感情を覚えた。そして時が経つにつれて、それは確信に変わっていった。

そもそもフォア打ちがスマッシュやドライブの基本であるという根拠はどこにあるのだろうか。確かに、膝を使った腰の回転、肩や腕の関節の動かし方、飛んでくるボールにタイミングを合わせるといったことは共通だろう。しかし、当然のことながら違うところも多い。スイングのスピードも方向も力の入れ具合も動きの大きさもラケットの角度も違う。違いがあるのなら、最初からドライブやスマッシュを練習した方が良くはないだろうか。「そんなことをすると、悪いフォームが身につくからダメだ」と言う人がいそうだが、本当にそうだろうか。

卓球と同じようにフォームが重要視される野球のバッティングやゴルフを考えてみよう。野球やゴルフで、正しいフォームを身につけるためにゆっくりとバットやクラブを振ってボールを打つ練習をするだろうか。そうではあるまい。バッティングもゴルフも、最初からフルスイングを繰り返すことでフォームを整えていくのだ。ゆっくり振ることと全力で振ることの間には、埋めがたい溝があるのである。

しかし、もしフルスイングのドライブやスマッシュばかりしていたらラリーが続かなくて練習にならないだろう。そのとおり。だからフォア打ちをするのだ。ドライブ主戦の選手が試合で使わないフォア打ちでフットワーク練習をするのもそのためだ。つまりフォア打ちとは、単に練習の都合で必要なものにすぎず、技術的に必要なわけではないのだ。

それではドライブやスマッシュだけを効率よく練習するにはどうしたらよいか。多球練習をすればよい。ラリー自体を楽しみたい愛好者は別として、強くなりたいなら練習のほとんどを多球練習にするぐらいがちょうど良いのだ。今なら十万円程度で防球ネット付きマシンが買えるので、これで多球練習とサービス練習だけをすればかなり強くなるだろう。

さて、ここいらで皆さんお待ちかねの妄想コーナーだ（これがないと編集者が納得しない）。多球練習には二つの弱点がある。ボール拾いが面倒なことと、練習が面白くないことだ。これらを一挙に解決する新製品のアイデアがある。名付けて『卓球ボックス』

だ。床を傾けてボールが一カ所に集まるようにし、そこから回収して発射するマシン付きの部屋をまるごと作ってしまうのだ。さらに、内部のスピーカーからラジオドラマや漫才が流れるようにすれば、選手はスマッシュやドライブをしながらにして、スリル満点のストーリーにハラハラドキドキし、ときには笑い、ときにはホロリと涙することができるのだ。外からカギをかけて五千球打たないと出られないようにするとか、マイクを設置してカラオケボックスにするとか（そのまんまだが）、いっそのこと住んでしまうとか、その応用は無限大だ。……と、フォア打ちから随分と遠くに来てしまったが、戻ろうにも戻れなくなってしまったのだ。とりあえずフォア打ちは疑ってくれ。

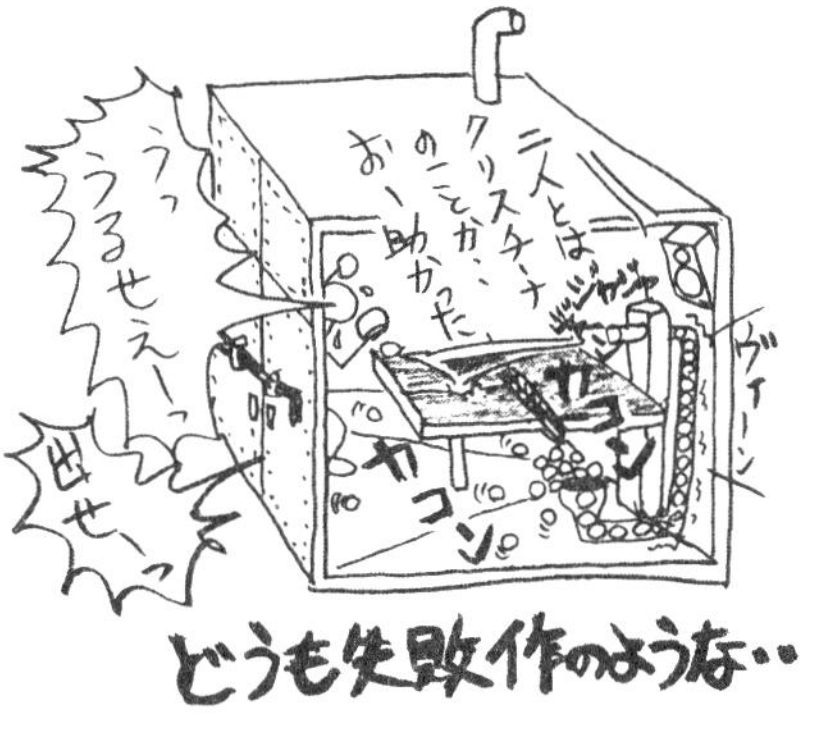

汚いフォームの勧め

日本では長い間、卓球は美しいフォームで打つことが良いとされてきたが、私はこれが日本の卓球を遅らせた一因だと思っている。もちろん、美しいフォームを良しとする人たちの考えもわかる。合理的で無理のない打法を追求すれば、フォームは自然と美しくなり、勝つためにはそれが必要だという考えだ。これは一見合理的に聞こえて耳に心地良いが、こと卓球に関しては何の根拠もない願望にすぎない。その願望が間違っていることは、劉国梁やクレアンガを待つまでもなく、一九五九年に容国団が優勝したときに証明されている（容国団のフォームが美しいと思う人がいたら出てこい！）。ただ速く走るとか遠くにボールを打てばよい単純な競技と違い、卓球はそんな合理的思考で攻略できる競技ではないのだ。

美しいフォームは卓球の強さをほんの少しも保証しないし、それどころか不利ですらある。無駄がなくスムーズなフォームから放たれるボールはコースも回転も予測がしやすい。そして卓球は、予測が勝敗を左右する競技であり、その影響は我々が通常考えているよりはるかに大きいのだ。

前の方にも書いたが（第二章「逆モーション」の戦い）、暗室でボールだけ光らせて相手が見えないようにしてラリーをすると、卓球選手はほとんどボールに反応できない。十年ほど前、吉田海偉はコルベルとの試合で勝負どころで当時誰もやっていなかったチキータをされ「何が起こったのかわからなかった」と敗戦後に語った。人間は自分のデータベースにないものには、反応どころか認識することすら難しいのだ。

美しいフォームにもメリットはある。ファンや観客を増やすのには良いだろう。また、異性を意識しがちな中高生にとっては見た目のカッコよさは切実な問題だから、当然、フォームもカッコいい方が良いだろう。せっかくイケメンなのに異常に腰を落としてナギナタを持った弁慶のような構えをしたり、可愛い娘なのに屁っぴり腰で構えられたりしたらげんなりするだろう。しかし残念ながら卓球は、そのようにした方が有利なスポーツなのであり、これは卓球の本質なのだ（そもそもモテようとして卓球をするという考えが間違っているのだから、先輩たちの様子を見て考え直してもらいたい）。

日本の指導者たちはこの本質をわかっておらず美しいフォームを重視してきたため、日本ではボルのように股を広げたり、オフチャロフのように無意味にひねくれた儀式をしてからバックサーブを出すトップ選手は絶対に出てこなかったのだ（もちろん、指導者のいない中高生たちはいつでも個性的すぎるくらいに個性的だが、残念ながらそれは単なるカオスなのでこの話とは関係がない）。その結果「日本の選手はみんな同じでやりやすい」と外国選手に言われるようになっていたのだ。

二〇〇〇年以降、ドイツに渡った若手たちが旧来の日本の卓球の枠を越えた成長を見せているが、それが象徴的に現われているのが岸川のフリーハンドだ。日本の指導者なら帯でグルグル巻きにしてでも矯正したであろう、あの無造作に垂れ下がったフリーハンドこそは、彼の卓球がメイド・イン・ジャパンではないことの証しなのだ。

将来、日本のトップ選手の中に、見るからに不自然で無駄が多く不愉快なフォームの奴らが大量に発生したときこそ、日本が真に世界の覇権を握るときなのである。そんなことならすぐにでもできそうなものだが、そうではない。日本代表になるような英才を集めている高校などの指導者たちは、当然実績があり、それゆえにプライドが高く頑固なので、考えを変えることができる人はほとんどいないのだ。そうでなかったら何十年もオールフォアを教えたりはしない。才能ある若い選手たちの学校選びこそが、卓球日本の鍵を握っているのだと、私はその親御さんたちに強く言っておきたい。問題はどうやって学校を選ぶかだ。実績などアテにはならない。有望選手を集めてぶん殴って死ぬほど練習させれば国内で勝てるのは当たり前だからだ。

そこで、良い指導者を判定する妙案がある。この原稿を読ませてみるのだ。「なるほど」と感心するようならその指導者は見込みがある。「けしからん！」と怒り出すようなら「当たり」なのでやめた方がよい。中には笑い出す人もいるかもしれないが「笑ってる場合ですか」と言ってやれ。「素人のくせに勝手なこと書きやがって」と言われたら……とりあえず謝っておいてくれ。

こういうことですね
それは汚いユニフォーム

日本卓球の改革

二〇一四年世界選手権東京大会で日本男子は準決勝でドイツに敗れた。進化が激しい現代卓球で四回連続の銅メダルはたいしたものだ。しかし、日本の卓球界に世界で通用する選手を育てる能力があるかと言えば私は疑問を持っている。ここ四回の銅メダルは、中国育ちの選手たちとドイツ育ちの選手たちに依存したものだ。彼らがいなかったら果たして日本は何位だっただろうか。日本は一九五〇年代に世界を制したが、一九六〇年代に中国に敗れてからは世界での位置は低下する一方だった。最近四回の銅メダルを入れても、一九九一年から二〇一四年までの十二回の世界選手権の男子団体の平均順位は七・一位なのだ。中国に次ぐ選手人口と熱心な指導者と経済力がありながらのこの実力の低さは異常ではないだろうか。

私はその原因は「フォアハンド偏重によるバックハンドの威力と安定性の不足」にあると考える。

一九五〇年代に日本が世界を制覇した「フットワークを生かしたフォアハンド攻撃中

心」の卓球は、ボールが遅かった時代にしか通用しない卓球だったのだが、日本の卓球人は長い間この信仰から抜け出せなかったのだ。才能ある選手を集めてたっぷり練習させればどんな卓球でも国内では勝ってしまうから、名門校の指導者ほど旧来の卓球に自信を持つ。選手たちが世界で惨敗しても、その原因は選手個人の練習量や体力や才能や精神力（！）にあると考え、卓球スタイルのためだとは夢にも思わない。名門校がそうなのだから、それよりはるかに弱い選手たちが「やっぱりフォアハンドなのだ」と思い込み、卓球台を二台並べてオールフォアのフットワークをやってしまうのも無理からぬことである。このようにして日本の「伝統」は守られてきた。

中国は優れた全面のブロックによって一九六〇年代に世界を制覇したが、一九八〇年代後半にはバックドライブができない欠点を突かれて敗れ、一九九一年幕張大会では七位にまで転落した。その後彼らはペン裏面とシェークによってバックドライブを可能にし、一九九五年に見事復活して現在に至る。中国の主力選手でバックドライブができない攻撃選手は一九九九年の王涛（シェークバック面表ソフト）が最後である。

この流れを見れば、現代卓球において、両ハンドドライブによって威力と安定性を確保することは、水泳の自由形をクロールで泳ぐのと同じように必須条件であることがわかるだろう。現代の世界では打ち方自体は自由だが、バックドライブができないという自由は、少なくとも男子では許されていないのだ。たしかに韓国はオールフォアで活躍したが、それには超人的な体力と殺人的な練習量が必要であり、それですら団体優勝はできていない。オールフォアでも突発的に勝つことはあっても、確率的に見て不利な卓球であることは間違いない。

日本から安定して強い選手が生まれるためには、フォアハンド偏重を捨て、強力なバックドライブを打てるようにグリップ、スタンス、そしてなによりも練習方法を改革することが絶対条件である。背が低いからバックドライブがやり難いという意見もあるだろうが、背が低いならなおさらバックドライブが必要である。日本の伝統である極端なオールフォアは失われるだろうが、何の問題があろう。中国でさえ一九八九年ドルトムント大会でスウェーデンに0－5で負けたときに伝統的なペン表ソフトを捨てたのだ。日本に守るべきものなどない。さもなくば今の主力選手が引退した後、日本は再びベスト8にも入れなくなるだろう。

とはいえ「バックハンドの強化を」なんてことはずっと言われ続けているのだから、ただ言っても無駄である。強制的な改革が必要だ。ジュニア以下のすべての大会に「バックハンド強化ルール」を適用するのだ。具体的には、バックへ回り込んだらすべてミスにする。両足がサイドラインより外側に出ようものなら即ゲームセット、ネットの横まで回り込んだら団体戦も終わりにするのだ。日本の卓球はあっという間に改良されるだろう（ワハハハ）。暴論だと思うかもしれないが、改革とはこういうことを言うのだ。

まあ、以上は冗談ととらえてもらって良いが（実は本気だ）、もっと現実的な方法として、有能な選手は名門校に行くのは止めにして、世界のビデオを見ながら自分たちだけで練習することを提案する。ヘタに古い指導を受けるよりよっぽど強くなるだろう。

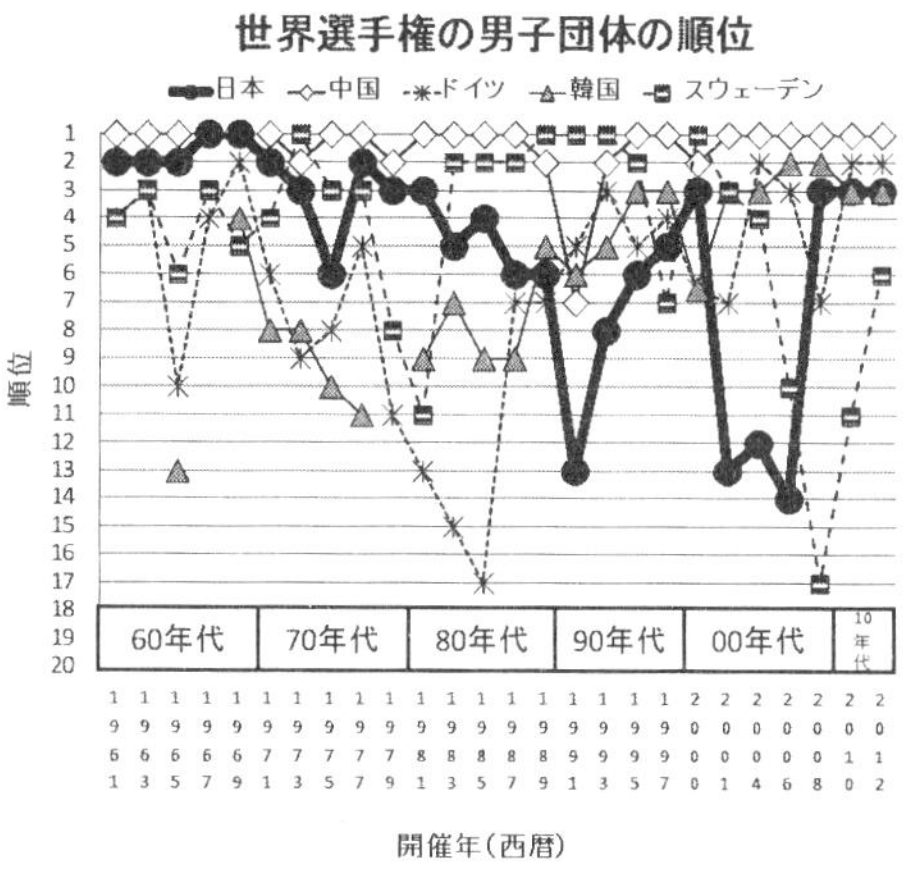

実戦的な練習

町内の体育館で、近所の子どもたちを教えている。何年か前、初めて来た中二の女子が二人で練習をしていたのだが、見ているとフォアクロスのフォア打ちをずっとやっている。二十分以上もバチバチとやっているので、私は思うところがあり二人に試合をさせてみた。すると二人ともサービスはすべて下回転サービスで、レシーブとその後のラリーはツッツツキだけであり、例外はただの一球もなかった。そしてそのサービスとツッツキのレベルは明らかにフォア打ちより劣っていた。

試合後に「さっき練習していたフォア打ち、今の試合で何回使ったと思う?」と聞くと、二人は顔を見合わせてから「使ってません」と答えた。ちゃんとわかっていることに私は軽い感動を覚えた。

試合でツッツキだけするのならそれを練習すればよいし、フォア打ちをしたいなら試合でもロングサービスを出せばよい。練習は試合のためにあるのであり、試合でやることを練習するものだという、ごく当たり前のことをなぜ彼女らはできなかったのだろうか。その理由はわかっている。

日本卓球界には「もっとも重要な基本はフォア打ち」であり、何よりも優先して練習をしなくてはならないという常識があるからだ。一方で「試合ではカットサービスを使うものだ」という常識もあるため、彼女らはこうするより他なかったのだ。

練習量が豊富で高いレベルを目指す場合には、いずれはすべての技術を習得しなくてはならないのだから、フォア打ちを優先しても間違いではないだろう。しかし、練習量が限られている場合にはそうではない。フォア打ちは必ずしも必要ないのだ。

たとえばここに、ある目標を持った中学卓球部顧問の先生がいるとしよう。部活時間は週に六時間ほどだ。生徒には過度に熱心に部活をさせたくはないし自分も時間をかけたくない。そのくせ大会ではできるだけ勝ちたい。これがこの先生の目標だとする。

本誌の読者のような卓球に異常に熱心な人たちに囲まれているとつい忘れがちだが、世の中の中学校の卓球部の顧問の先生の多くが実はこういう人たちなのである。別に嘆かわしいことではない。普通のことだ（熱心な先生の方が異常なのだ）。このような先生たちにとって、従来の卓球の練習は、必ずしも目的に適（かな）ったものではない。

レベルが低く練習時間が少ないとき、つまり、大半の中学生にとって何よりも優先すべきなのはサービス練習なのである。ラリーの一球目だからという順番の理由だけではなく、回転だけで得点できる卓球というスポーツの特性としてそうなのだ。野球におけるピッチングの重要性は誰でもわかると思うが、卓球のサービスはそれ自体で得点できるという点でそれ以上なのである。ホームランを連発されるようなピッチング（威力のないサービス）をしておいて守備練習（ブロック練習やフットワーク練習）やキャッチボール（ワンコースで続ける練習）をやっても無意味なのだ。サービスが上手くなれば自然と練習相手のレシーブも上手くなるから、それだけでかなり勝てるのである。もちろんこのやり方ではある程度までしか勝てないだろう。しかし、誰もが全中や県大会を目指す必要はないのだから、このような学校があってもよいではないか。

ところで、試合で使う技術を練習するなんて当たり前のことだと思うだろうが、実はトップ選手たちでさえこれを徹底できているわけではない。たとえば124～127ページにも書いた左右のフットワーク練習。実戦ではフォア側に動いて打つ場合には必ず動きながら打つのに、練習ではボールより先にフォア側に動いてバック側に戻りながら打つ。フォアサイドへ交差歩で飛びつくとき、実戦では左足（右利きの場合）のつま先は必ずフォアサイド側に向くのに、練習では相手の方向に向けて飛びつく。どんな理屈をつけようとも、実戦で使わない動きが有効な練習であるはずがない。その練習の動きが本当に実戦で使われるものかどうか徹底的に検証することが必要なのだ。

それではいっそのこと、もっとも実戦的な試合練習だけをすれば良いかと言えば、もちろんそれも違う。試合練習では、特定の技術を集中して練習できないし、ミスを恐れながらでは新しい技術の習得はできないからだ。無秩序な試合形式の打ち合いしかしないホビープレーヤーたちが、どれだけ練習を積み重ねても、ホビープレーヤーの枠を越えることがないのはそのためなのだ。

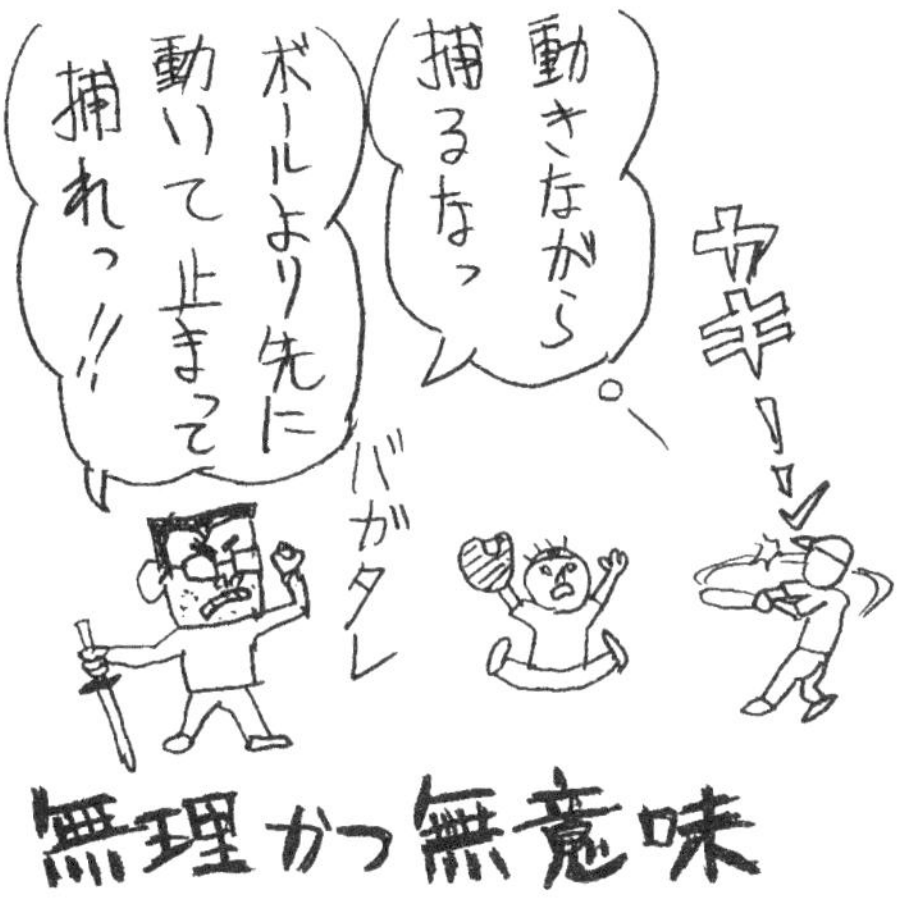

接触時間の話

よく「表ソフトは球離れが早い」とか、ある種の裏ソフトについて「球持ちが良い」と言われることがある。いずれもボールとラバーの接触時間が違うかのような表現になっているが、これをそのまま信じている人が多いと思う。

実際には表ソフトと裏ソフトで接触時間が違うというデータはなく、それどころか木の板でも同じく、接触時間は約千分の一秒であることを今から三十五年も前にタマスが毎秒八千コマの高速度カメラで測定している（「卓球レポート」一九八〇年八月号）。さらに一九九四年には、日本卓球協会が『卓球コーチ教本』（大修館書店）で、粒高とアンチも同じく約千分の一秒であることを発表している。ボールの衝突速度による違いもほとんどなく、時速二十五キロでも一〇〇キロでも千分の一秒である。

極端に斜めからボールを当てたりすれば別の結果が出る可能性はあるが、現時点でそのようなデータがない以上、想像で「表ソフトの接触時間は短い」と言ってみたところで無意味なのである。

実際に接触時間が違うと実感している人がいるかもしれないが、人間が手で感じることができる時間の限界は百分の一秒程度なのだから、千分の一秒を実感することは絶対にできない。実感していると思っている人は、接触時間の百倍も続くラケットの振動を接触時間と誤解しているのだ。

ところで、仮に表ソフトの接触時間が短かったとしたらどうだというのだろうか。

よく言われるのは「球離れが早い分だけ相手に与える時間が短いので有利」というものだ。しかし、卓球ではもっとも速いスマッシュでさえ相手のコートに着くまで約○・二秒もかかるのだから、○・○○一秒の接触時間など、もともと無いも同然であり、ましてその長短がプレーへ影響することなどない。

また「裏ソフトの方が接触時間が長いために回転がかかる」という理屈も聞くが、接触時間が長いほど回転がかかるという理屈に何の根拠もないし、そもそも誰でもわかるように、裏ソフトの方が摩擦力が圧倒的に大きいのだから、回転がかかる理由はそれだけで十分である。わざわざ何の根拠もない接触時間など持ち出す必要がない。

それでは卓球界で長年使われている「球離れが早い」「球持ちが良い」という表現がまったく無意味かといえばそうでもない。これらは、打球をしたときのボールの飛び出す方向とスピードと回転量のバランス（もちろんそれらはラバーの摩擦力と弾性およびラケットの弾性で決まる）を感覚的に表現しているのであり、それなりに便利な言葉なのである。だから「本当に接触時間が違うわけではない」とわかった上でなら、使ってもよいと思う。

接触時間について正しい知識がないと「ボールがラケットに当たったときの感触で回転量を判断してラケット角度を修正する」などという不可能な技術論を展開することになる。人間の感覚神経の伝達速度はおよそ秒速五〇メートルであり、千分の一秒には五センチしか進めない。ラケットから伝わった打球の感覚が腕を五センチ進んだ時点でもうボールはラケットから離れるのだから、感触で判断して角度を変えるなど言語道断のコンコンチキータ、絶対に不可能なのである。できると言っている人がいたら間違いなく「気のせい」なので気にしなくてよい。

なお、サッカーでも「球離れ」という言葉はあって、パスを出すのが遅い場合に「球離れが遅い」などと言うようである。卓球でいえば、なかなかサービスを出さないヤツがこれに相当するだろう。逆に、相手が構える前にポンポンとサービスを出すような慌て者が「球離れが早い」ということになろうが、そんな話はどうでもよい。

もっとどうでもよい話をすれば「乳離れ」は乳との接触時間、「親離れ」は親との接触時間を表し、いずれも千分の一秒どころか年単位となる。乳離れが千分の一秒であるようなガキは乳離れというよりはむしろ「人間離れ」しているのであり、人間離れしたフットワークを誇った郭躍華が小野誠治との決勝でやらかしたのは「肉離れ」である。郭躍華がベジタリアンだったかどうか定かではないのが惜しいところだ。

以上、科学的卓球論だったわけだが、若者の「科学離れ」（しつこい）を食い止める助けになれば幸いである。なるわけないか。

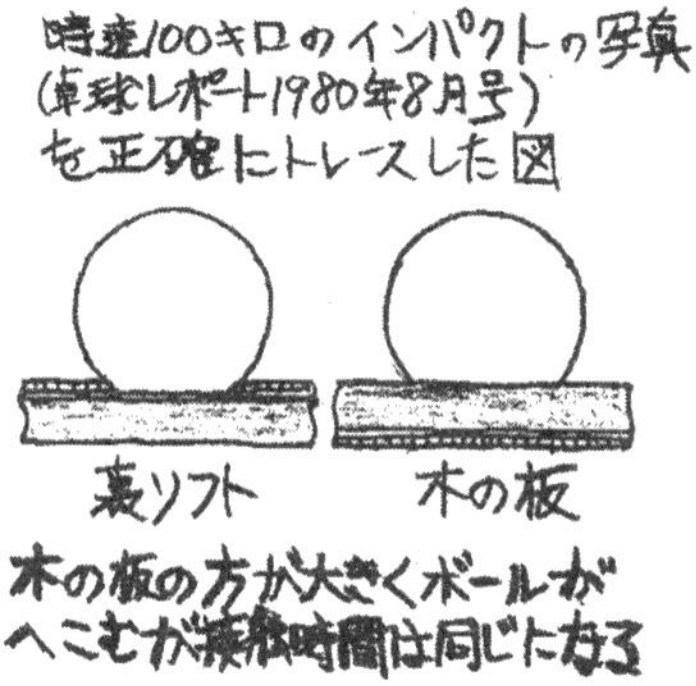
時速100キロのインパクトの写真
(卓球レポート1980年8月号)
を正確にトレースした図
裏ソフト
木の板
木の板の方が大きくボールが
へこむが接触時間は同じになる

第四章

卓球本悦楽主義

卓球本の収集を始めてもう二十五年近くになる。市内のある古本屋で卓球の指導書が三冊並んでいたのを見たのがきっかけだった。そのとき家には卓球の本が七冊ぐらいあったから、その三冊を買えば合計十冊になり「本棚に並べたら壮観だな」と思ったのだ。その三冊を買って以来、本屋で買うのはもちろん、旅先でも出張先でも古本屋と見れば飛び込んで収集を続け、後にはインターネットも駆使し、今では二五〇〇冊を超えるまでになった。結果、日本で発売された卓球の本はほとんど持っていると思う。

この収集がきっかけとなり、卓球王国でこれらの本を評論する連載をしたのが卓球コラムニストとしてのデビューであった。人生、何が起こるかわからないものだ。

よりによって卓球の指導書の評論である。そんなもの、進化の激しい卓球においては実用的な価値は皆無だし、読み物としてもマイナーにもほどがある連載であった。あえて言えば、指導書を通して卓球というスポーツの文化史のようなものが透けて見えるかもしれないというところだが、正直なところそれも多くは期待できない。ただただ私の興味の赴くままに、面白いと思ったところを紹介しただけだからだ。

本章には、その連載に加筆修正を行ったものを収録した。これが楽しめるようならあなたの卓球マニア度は相当なものである。まさに卓球マニア濃縮エキスだ。

「Ping Pong」伊東卓夫

明治三十五年（一九〇二年）　美満津商店　※絶版

日本で最初の卓球本である。わずか三十八ページの小冊子だが、意外に多くのことを物語る貴重な資料だ。

明治三十五年、筑波大学の前身である東京高等師範学校の教授であった坪井玄道が、ロンドン留学からピンポンセットとルールブックを持ち帰った。玄道はその年のうちに、美満津商店という運動具店にピンポンセットを作らせた。これが日本の卓球の始まりと言われているが、このとき、持ち帰ったルールブックを参考に作られた解説書が本書である。題名が「ピンポン」なのは、まだ「卓球」という言葉がなかったからだ。美満津商店の店主でもある著者の名前が「卓夫」であることは歴史の興味深い巡り合わせである。

当時日本には、すでにテニスが定着していたらしく、卓球の概要についてテニスと比較しての説明が多く見られる。

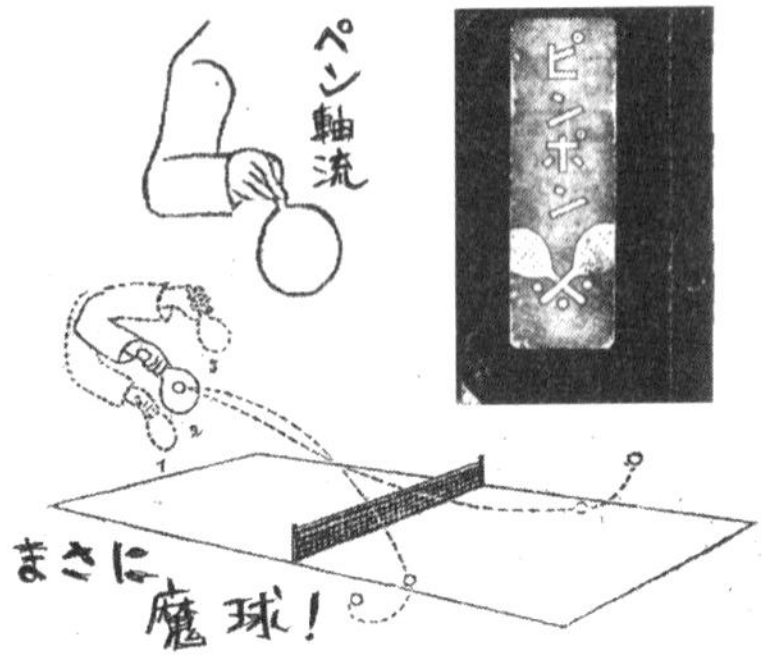

熱球あり、魔球あり、策略あり、権謀あることとローンテニス（※注・現在のテニス）に異なるところなければ、雨天の日等には室内にあってローンテニスの面白味を味わうことを得べし

「熱球」の意味がわからないが、なんとも味わい深い文章である。

グリップの解説では、現代のペンホルダーとシェークハンドに相当するものが、それぞれ「ペン軸流」「鷲掴（わしづかみ）流」と図入りで紹介されている。「ペン軸流」は強打に最適で、かつては使われていたが、昨今は半ボレーがやりやすい「鷲掴流」が主流となっていると書かれている。バウンド直後に打球することを意味する半ボレー、つまりハーフボレーという言葉の歴史が意外に古いのに驚く。それにしてもこの図を見たかぎりでは「ペン軸流」が強打に最適とはとても思えないのだが。

卓球台の色については、後に「暗色」と誤訳され、昭和を通して日本の卓球台を暗い色にしてしまった「dark colour」が、本書では正しく「濃色」と訳されていることも興味深い。このままにしておけば日本の卓球の歴史も……変わらないか。

なお、ボールの回転については「魔球」と表現され、簡単な図とともに「読者見て悟るところあるべし」のひと言で片づけられている。回転といっても、まだ誰もラバーを使っていない時代のことだから大した回転量ではなかったはずだが、それでもこの球技における回転の威力を予感していたのだろう。

本書が発行された同じ年、遠く英国でE・C・グッドという青年が、薬局で見たゴム皿のゴムを卓球のラケットに貼って大会で優勝した。卓球が怒涛(どとう)の回転スポーツへと足を踏み出した瞬間である。

「月刊 卓球公論」

昭和八年（一九三三年）十二月号　卓球公論社　※絶版

昭和初期の卓球界を知ることのできる極めて貴重な資料である。発行は大阪の卓球公論社であり、初村代四郎なる人物が編集人兼発行人を務めている。

本誌は、ひとつの明確な主張に貫かれている。それは国際式（硬式）の推進である。当時の日本では、卓球といえば日本式とよばれる軟式が主流であり、硬式はまだ一般的ではなかった。このような状況のもと、卓球公論社は、社をあげて国際式の導入を叫んでおり、雑誌のほとんどすべてのページをその主張に費やしている。

卓球の国際的進出は我国の世論である。純然たる我国技ならいざ知らず。世界共通のスポーツたる卓球を国際的に進出せしむるに日本独特の卓球でこれが可能だろうか。国際（硬式）卓球による他に道がないことは火を見るよりも明らかである。（中略）

大阪櫻橋朝日グリル（喫茶店）でコーヒーの卓を囲みながらの話。

A「十一月号では卓球タイムスは公論と硬式卓球の攻撃に全頁を費したネ」（中略）

A「公論の方が喧嘩が上手だヨ、何故つて公論誌と硬式卓球をタイムスをしてうまいこと宣伝させ、其の上、日本の卓球は国際卓球に転換する必要なく日本の卓球で国際的に進んだらそれで充分だとタイムスをして叫ばしめ、タイムスをして国際（硬式）卓球を採用できないやうな言質をとつてしまつたぢやないか」

当時卓球公論が、国際式の採用をめぐって「卓球タイムス」なる雑誌と激しく対立していたことがわかる。このような卓球団体どうしの対立の歴史は古い。卓球協会自体、昭和六年に統一される前には日本に三つの団体があり「自分たちこそ正式な団体」と互いに譲らず対立していた。それぞれの団体は、設立と同時にボール製造メーカーとタイアップしていたため、利害関係の対立をしていたことも派閥争いの原因となったことが知られている。そのような目でこの雑誌を見ると、巻末に「美津濃運動具店」の硬式ボールと硬式用ゴム張りラケットの宣伝が大々的にされており、硬式卓球をめぐる是非が、単純な正義感だけの問題ではないことがうかがえる。

ともあれ、卓球界の反対勢力にも屈せず、この年の六月二十五日、大阪美津濃八階大ホールにて日本で最初の硬式卓球大会が開催されたとある。

これに参加したものは大阪商科大学、和歌山高等商業、日本大学専門部、大阪薬学専門、大阪高等医学専門（松山高商は棄権）の諸校だつた。第一回の覇権は大阪商大が獲得した。この五校は我国に於ける国際卓球の開拓者として我国卓球史に永遠に記録さることだらう。

この大会の記録は、残念ながら日本卓球史の表には出てきていないが、意義深いことは間違いない。

さらに、この大会の個人戦で優勝した大阪商大の佐藤猛氏が、優勝の感想として次のような興味深い手記を寄せている。

私が優勝したのは全く、イングリッシュ、グリップとゴム張りバットのおかげです。商大チーム、浪華高商、松山高商、商大高商以外はまだコルク張りバットを使つてゐましたが、技術が同一なれば、必ずコルク張りバットはゴム張りバット使用者に敗れます。

日本にシェークハンドグリップとラバー貼りラケットが普及しはじめるのは、昭和十三年のサバドス、ケレンの来日以降のことというのが通説であるが、それより五年も前に、一部の学校ではすでに使用されていたことを示す貴重な手記である。

本書から三年後の昭和十一年には硬式が全日本選手権の正式種目に加えられ、続いて昭和十二年には学生連盟が全面的に硬式への転向を表明した。しかし昭和十六年、日本はアメリカに宣戦布告して大東亜戦争開戦となる。

日本の卓球が世界選手権に初参加を果たしたのは、戦後の昭和二十七年のことである。卓球公論の叫びから十九年後のことであった。

「卓球」福士敏光

昭和十七年（一九四二年）　目黒書店　※絶版

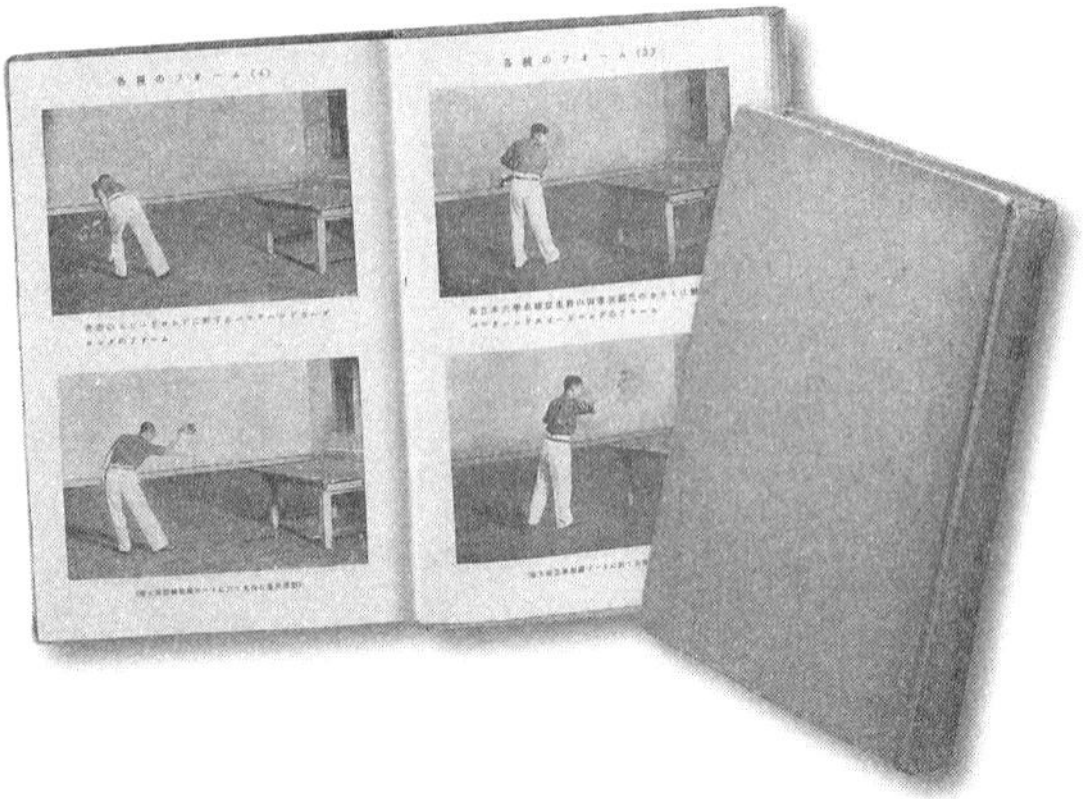

かの荻村伊智朗にも影響を与えた古典的名著である。

福士は明治四十年青森市生まれ。弘前高等学校時代にすでにその名を全国にとどろかせ、東大法学部在学中の昭和二年の関東学生代表選手権優勝を皮切りに、昭和十三年の全日本選手権準決勝で今孝に敗れて引退するまで、日本卓球界の一流選手として活躍した。

この本はとにかく論理的な本である。青年時代の荻村伊智朗に影響を与えたのもうなずける。ありとあらゆる事柄を定義し分類しているのだ。

たとえば、打球点についての分類は、「上昇打・頂点打・下降打・線上打（台と同じ高さ）・線下打」という通常の分類に加え、体との距離によって「近打・遠打」、体との位置関係によって「前打・側打・後打」、コート内かコート外かによって「内打・外打」、理想的かどうかによって「理想的打球点・基本的打球点・補助的打球点・実際的打球点」と詳細を極める。

同様に、送球点、送路、回転、基本姿勢、基本位置、移動方法、打球体勢、打球運動が大変詳しく分類されており、もう大変である。卓球というスポーツの技術を体系化しようとする福士の情熱が伝わってくる。

以上のように、この本は技術的にも大変に貴重なのだが、福士の真骨頂はむしろ随所に見られる哲学的論考である。

自分は卓球を考える場合に、全知全能なるものとして神というものを想定する。神の卓球こそ文字通りオールラウンドプレーである。人は神の一部であって神の属性の一部を与えられている。これを天分という。

なんと味わい深い語り口だろうか。卓球を神とまで関係づけて、なおかつここまで真剣に論じた本は、他には見当たらない。卓球について考え抜き、普遍的な理論を構築しようという、黎明期の卓球人の気概に、私は率直な感動を覚える。

福士は、持って生まれた才能に合った打法を見極めることが大事だというが、そのもっとも正確な判断方法はなんと「顔」だと断じる。

> 年代を異にし、または著しく環境を異にする二人のプレーヤーが非常に似た打法をするのを往々にして見受ける。その場合、その二人のプレーヤーの容貌がよく似ていることに気づく。兄弟の打法が似るという現象も原因の半ばはその点にあると思う。（中略）丸顔の人からどちらかといえば目の丸い人はだいたいオールカットまたはカット性オールラウンド、面長の人から目の細い人はだいたいオールロングまたはロング性オールラウンド、卵型の顔の人はカット性オールラウンドまたはロング、カット性オールラウンド型である。

なるほど、渋谷五郎、浩の親子は顔が似ているから二人ともカットで大成したのか。しかしどちらかというと目は細いような気がするが、見間違いだろうか。また、同じ顔の松下浩二、雄二兄弟（一卵性双生児）はそれぞれカット主戦とドライブ主戦で大成したが、どう考えたらいいのだろうか。興味は尽きない。

さらに福士はダブルスという競技そのものを批判する。「協力の観念に反する」というのがその理由だ。ダブルスは、二人が交互に打球しなければならないため、一人でやるときよりも戦力的には弱いことになる。「二人で組んでやることが一人でやるより弱いということは根本的に協力の観念に反し、精神的悪影響が甚大（じんだい）である」というのだ。このような理由で、福士はダブルスを廃止すべきだと強く主張する。なんともコメントしがたい主張である。

また福士は、あろうことか「スランプ」まで批判する。「学生にとってはスポーツは本業ではないのだから、一流の強さに達するまでに度々スランプに陥るということは望ましいことではない」というのだ。いったい、どこの世界にどんな理由で、そしてどうやってわざとスランプになる選手がいるというのだろうか。

このような思いがけない主張に出くわすのも、卓球本を読む大きな愉（たの）しみのひとつである。本書は、優れた技術書、卓球史資料であることに加え、そのような愉しみの宝庫としても、広く卓球界に紹介したい一冊である。

「卓球　其の本質と方法」今孝

昭和十七年（一九四二年）　旺文社　※絶版

球聖とうたわれた戦前の名選手、今孝の卓球技術書である。

今は大正六年青森県に生まれた。名門青森商業から早稲田大学に進み、昭和十一年から昭和十五年にかけて全関東学生選手権と全日本学生選手権の両方で男子シングルス五連覇の偉業を達成（当時の大学は六年制）。この間に、全日本選手権でも単複二種目で連続優勝を遂げている。

昭和十三年には、来日したハンガリーの元世界チャンピオンのサバドスらに対して、初戦こそ初めて経験するラバー貼りラケットによる回転球に敗れたものの、続く二戦、三戦と勝利し、日本の卓球が世界に通用することを証明した。

その圧倒的な強さとカット性オールラウンドプレーの美しさに加え、謙虚で誠実な人柄、一八〇センチ近い長身色白の容貌もあいまって卓球界のカリスマ的尊敬を集めた。終戦直後の昭和二十一年、肺炎のため二十九歳の若さで他界。熱望していた日本卓球の世界制覇を見ることはなかった。

本書を読んで感じるのは、伝え聞くとおりの今の誠実で実直な人柄である。総論では、卓球の起源、日本への伝来、日本の卓球史などが、淡々と丁寧に綴られている。技術編では、ロング、ショート、カットにおけるラケットの角度と運動、打球点、ボールの軌道などが大変わかりやすく図解されており、以後の技術書の手本となったと思われる。打球の方法についても、フォアハンドにおける重心移動、構える足の位置など、現代とほとんど変わらない理論が説明されている。

本書の時代にはまだラバーがなかったため、全編が木地またはコルク貼りラケットを前提として書かれているのだが、驚いたのは「ループドライブ」という言葉が出てくることだ。ループドライブといえば、一九六〇年代に日本が裏ソフトでのループドライブを使って活躍したことが有名であり、てっきりこのときに発明された技術だとばかり思っていたのだが、間違いであった。

ループドライブとは球を打とうとする時、普通ドライブのごとくバットを直角に当てるのでなく、むしろ球の下側からこれを急速に擦り上げるのであって、バットの振り方は下から上へ極端に近い円形を描く。この球の性質として回転率が非常に多いのでスピードが落ち、ネットを越す高さは普通ドライブより高く、台に落ちるや烈(はげ)しいバウンドを起すのでこれを打ち返すのには細心の注意が要る。

これはまさに、現在のループドライブそのものである。また、「ループ」の語源が、ラケットの軌道からきているらしいこともうかがわれる。それにしても木でのループドライブ……いったいどれくらいの回転量だったのか、受けてみたかった。

ループドライブをかけることのできる木のラケットとはどんなものか。今はラケットの紹介のところで、その材質について、朴(ほお)、桂、桐(きり)、檜(ひのき)、杉、松、胡桃(くるみ)、楓(かえで)、黒柿などをあげている。「黒柿」なんて現代の一般人には一体どんな特徴の材料なのか見当もつかないが、なんとなく凄そうな感じが伝わってくるではないか。

他にも、昭和初期という時代を感じさせる記述が見られる。「和服での練習は大の禁物である」とか「試合の前日の入浴がよくないという人がいるが、その人の好むようにした方がよいと思う」などとあり、当時の生活環境がしのばれる。

また本書では、ラバーの粒は一貫して「エボ」と書かれている。これは後に「イボ」となり、さらに日本卓球協会のルールブックでは平成元年版から「ツブ」となって現在にいたっている。もし本書の時代に粒高があれば、それは「エボ高」と呼ばれたのだろうな、やっぱり。こっちの方がなんだか返しづらそうな嫌なラバーの感じがよく出ている。

巻末に紹介されている昭和九年制定の国際式（すなわち硬式）ルールの中には「指でボールに回転をかけるフィンガースピンサービスは問題ないが、回転を増すためにゴム手袋をしたり指サックをするのは禁止」とある。恐ろしい時代である。

本書が発行された昭和十七年は、前年に開戦した大東亜戦争のまっただ中であり、序文には「いかにして体育人としてこの大東亜戦の完遂に協力すべきか」「卓球による国民体位の向上」等のフレーズが躍っている。今も、本書を発行した直後に満州に兵役し過労に倒れている。現代に生まれて卓球ができる幸せを思わずにはいられない。

「雑誌　卓球人」

昭和二十二年（一九四七年）　日本卓球社　※廃刊

戦後間もない昭和二十二年に創刊された月刊誌である。当時の卓球界には他に「卓球界」「卓球」という月刊誌があったと書いてあるから、本誌を合わせて三つの月刊誌が存在したことになる。

なんといっても今から約六十八年前の卓球雑誌である。いったいどんなことが書かれていたのだろうかと目次を見ると「大会の特集」「一流選手のグリップや用具の紹介」「技術講座」「読者からの質問コーナー」「全国各地の大会結果」と、現在の卓球雑誌とほとんど変わらないではないか。

本書の時代は、ラバー貼りラケットおよびフィンガースピンの回転球により、サービスで得点を狙うことが選手の間で流行し始めた時期であり、これを憂えている記事が多く見られる。ある論者などは、試合前のジャンケンをあまりに真剣に行なう選手の姿を見て、次のように心配する。

とかく近頃のいわゆる心なき一部の怪サーバーは、サイドの争奪、即ち拳の勝敗に重きを置く。換言すれば、拳を卓球技術のうちに算入するようなことはあるまいか。げに選手をこの邪道から救い、本来の卓球そのものに、精進させるため、せめて拳に代るべき公平な方式が、他にないであろうか。

考えすぎである。論者はサービスで得点を狙う風潮が気に入らないあまり、ジャンケンまで憎くなってしまったようなのである。

技術講座では、大正時代の名選手・山田孝次郎が講師を務めているのだが、その中に大変興味深いものがあった。それは昭和十年代の名選手、今孝の批評である。

総ゆる角度から研究され、完備した我が国卓球技術も、その真髄を極めた学生選手が卒業と共に引退し、昭和十二年日華事変の勃発と共に一路衰微への途を辿るに至つた。

斯（か）くて人無き学生卓球界に於いて、硬式に転向した事は実学の技術交流をも失ひ更に技術低下を助長したものである。この時代の覇者として現はれたのが早大の今孝選手である。

山田は今のカットを「中島選手や田中選手のそれに比べると問題にならないもの」とし、攻撃も「フォームも悪く、過去に於ける覇者中島、幸田、森田、村田、程塚等の選手に比べると問題に成らないもの」と断じている。後に球聖といわれた今孝すら前の世代の卓球人には酷評されているのだ。「昔の選手の方が強かった」という話がいかに怪しいものであるかよくわかる。

娯楽ものでは「卓球教育コント　バッタ学園」というものが面白かった（題名がすでに面白い）。全国制覇を狙うバッタ学園卓球部の様子が小説風に描写されており、バッタさん、コウロギさん、カマキリさん、私、といった卓球部員と部長先生が登場して、練習方法や卓球の素晴らしさを語り合う内容なのだが、設定が異様すぎて教育どころか

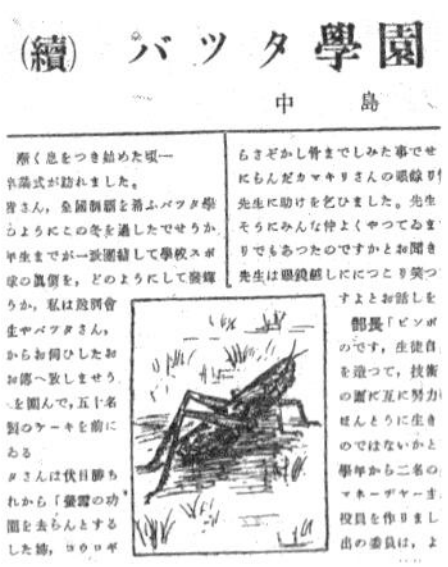
バッタ學園（續）

中島

漸く息をつき始めた頃一
れ式が訪れました。
皆さん，全國制覇を希ふバッタ學
ちようにこの冬を過したでせうか，
早生までが一致團結して學校スポ
球の眞價を，どのようにして發揮
うか，私は胎例會
生やバッタさん，
からお伺ひしたお
お傳へ致しませう
を圍んで，五十名
製のケーキを前に
ある
タさんは伏目勝ち
れから「優勝の功
園を去らんとする
した時，コウロギ

らさぞかし骨までしみた事でせ
にもんだカマキリさんの眼餘り
先生に助けを乞ひました。先生
そうにみんな仲よくやつてゐま
りでもあつたのですかとお聞き
先生は眼鏡越しににつこり笑つ
すよとお話しを
部長「ピンポ
のです，生徒自
を造つて，技術
の面に互に努力
せんとうに生き
のではないかと
學年から二名の
マネーヂヤー主
役員を作りまし
出の委員は，よ

話の内容が頭に入らない。そもそも、これらの昆虫名が人間のあだ名なのか、それとも昆虫が卓球をやる寓話なのかさえわからないのだ。バッタ学園にどうしてコウロギやカマキリがいるのかも不明だ。写実的なバッタの挿し絵が混乱に拍車をかける。

また、卓球の試合の放送についても書かれている。他のスポーツとくらべて、卓球のラジオ放送（まだテレビ放送がない時代だ）がほとんどされないことを嘆いているのだ。その卓球メジャー化への情熱には熱いものがあり、いま読んでも胸に迫ってくる。

見上げると日劇の電光ニュースが美しく走つて居る。〃東富士タタキ込汐の海〃今日の大相撲春場所の成績だ。あの電光ニュースが〃世界卓球選手権大会決勝、藤井3—0バーグマン〃と光を乗せて走る様になつたら、どんなに素敵だろー、オオその時には電光ニュースよしばし止つて居ろー。

この五年後、日本はボンベイ（現ムンバイ）での世界選手権に初出場し、佐藤博治の男子シングルス、藤井則和・林忠明の男子ダブルスを始めとする四種目に優勝するのである。日劇の電光ニュースになったかどうかは定かではない。

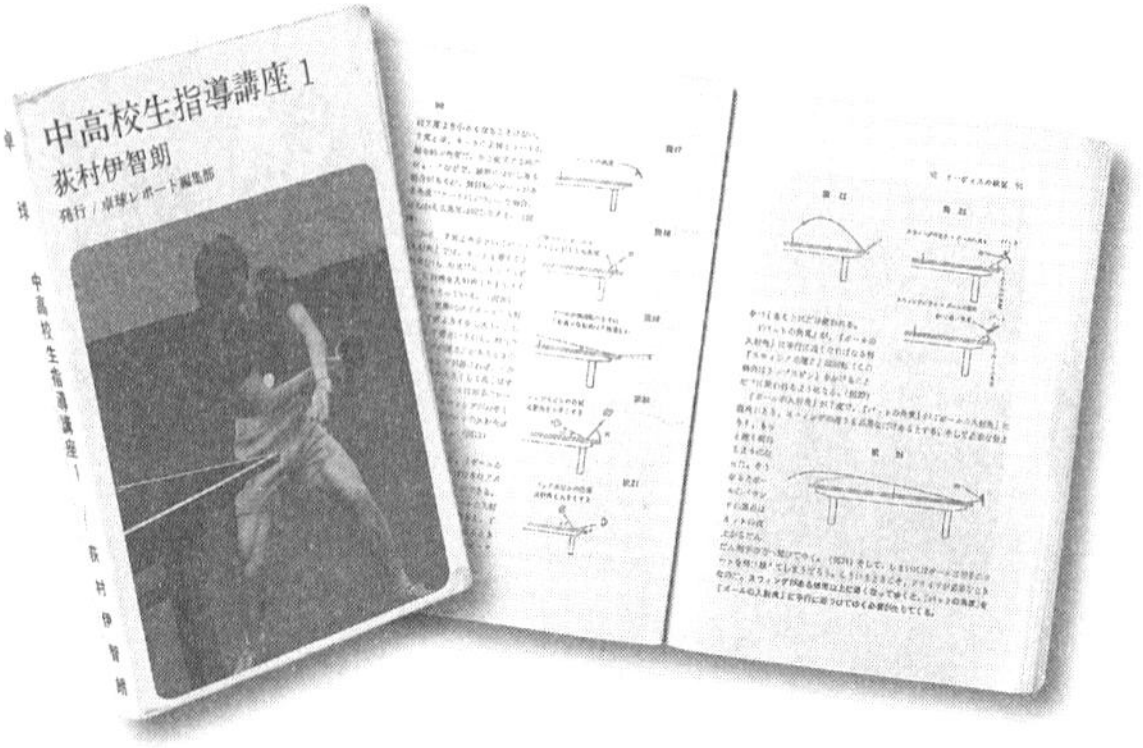

「中高校生指導講座1」荻村伊智朗

昭和三十八年（一九六三年）卓球レポート編集部　※絶版

一流スポーツマンの美しいフォーム、超人的な技術は見る人の心をとらえる。「自分もあのように」と、大きな夢を抱き、そしてそれを実現したよろこびにひたれるのは、青少年だけに与えられた特権だ。

芸術家が画布と絵の具を、楽器と指を素材として自己の凡（すべ）てを、その時代を、そして全宇宙を表現しようとするように、スポーツマンは自分の肉体と競技用具とを素材として自己を表現し、人間能力の限界を、最高最美の感動を具現しようとするのだ。

老人にも卓球はできる。老人にも夢はもてる。しかし、それは自ら限界を設けた卓球であり、夢である。また、老人の卓球はそうであってもよいのだ。彼らには彼らなりに純粋に卓球の楽しみにひたる権利がある。

しかし、自分の能力と自分の努力とに無限の希望と自信を持つことのできる少年少女たち、君らが自ら限界を設けた卓球と夢に甘んじることはないのだ。

この感動的な序文で始まる「中高校生指導講座1」は、荻村伊智朗の最初の単行本であり、荻村がまだ現役選手のときに発行された。時に荻村三十一歳。内容は、卓球レポートに同名で連載されていたものを編集したものである。連載の開始は一九五九年、二度目の世界チャンピオンとなった三年後である。世界一流の現役選手による技術指導なのだから、この連載が読者に与えた影響は大きかっただろう。

本書「1」では用具選びから始まって、トレーニングの方法、グリップ、サービス、レシーブまでが書かれている。中でも注目すべきは、練習方法のところで述べられる戦術論で、のちに自ら「五十一％理論」と名付けた考え方が述べられている。

かりにここにある徹底的な攻撃選手がいるとしよう。彼はすべてのラリーを自分の一発決めの決定球で終わらせるプレーをするとする。そうすると彼の決定球は51％の得点率を持てばよい。何故ならそれで試合に１００％勝てるからだ。もし彼の決定球が相手コートに入れば１００％得点する絶対的な威力を持っているとすれば、彼の決定球のボール・コントロール（命中率）は51％あればよい。（中略）

かりにここに徹底的な守備選手がいるとする。彼はすべてのラリーに終止点を打つ主導権を相手に渡す。彼の打球の威力は、相手の決定球の命中率を49％にさせるだけのものであればよい。何故なら、それで試合を１００％勝てるからだ。しかし、相手の決定球が放たれる迄、自分の打球のボール・コントロールは１００％でなければならない。

複雑な卓球の戦術を単純化し、ある種数学的な美しささえ持つこの戦術論を、当時のイガグリ頭の中高校生たちは一体どのように読んだだろう。この理論の力強さに圧倒され、自分の選んだ競技の奥深さに息をのんだだろうか。あるいは突っ走る荻村についていけずに呆然（ぼうぜん）としただろうか。

荻村は、常に高い視点から卓球を論じたが、本書でもすでにそれが見てとれる。卓球の競技特性を他のスポーツと対比して次のように語っているのだ。

ゴルフや野球は、一発打ってしまえば当分のあいだ次のボールを打たなくてもよい。野球はそれでも次に、走るという動作がつづいているが、これにしても走る方向は初めからチャンと決められているし、走るスピードも最高の速さで走ればよく、卓球のようにスピードを調節しなければならないなどということはない。

どうだろう、この執拗（しつよう）なまでの対比。どうあっても卓球がもっとも高度なスポーツだと言いたいのだ。それにしても、野球を「走るスピードも最高の速さで走ればよく」と言うあたり、とうてい凡人に書けるものではない。

こういう、自分の主張を説明するために使う強引な理屈、比喩（ひゆ）、ハッタリも、荻村の卓球論の大きな魅力である。

そのような魅力の点では、本書は、後の著作と比較すると物足りない面があるのだが、それを補って余りある卓球に対する真摯な若い情熱にあふれている。

序文の青少年へのメッセージは、五十年経った今もその輝きを少しも失っていない。

「世界の選手に見る 卓球の戦術・技術」荻村伊智朗

昭和四十二年（一九六七年） 卓球レポート編集部

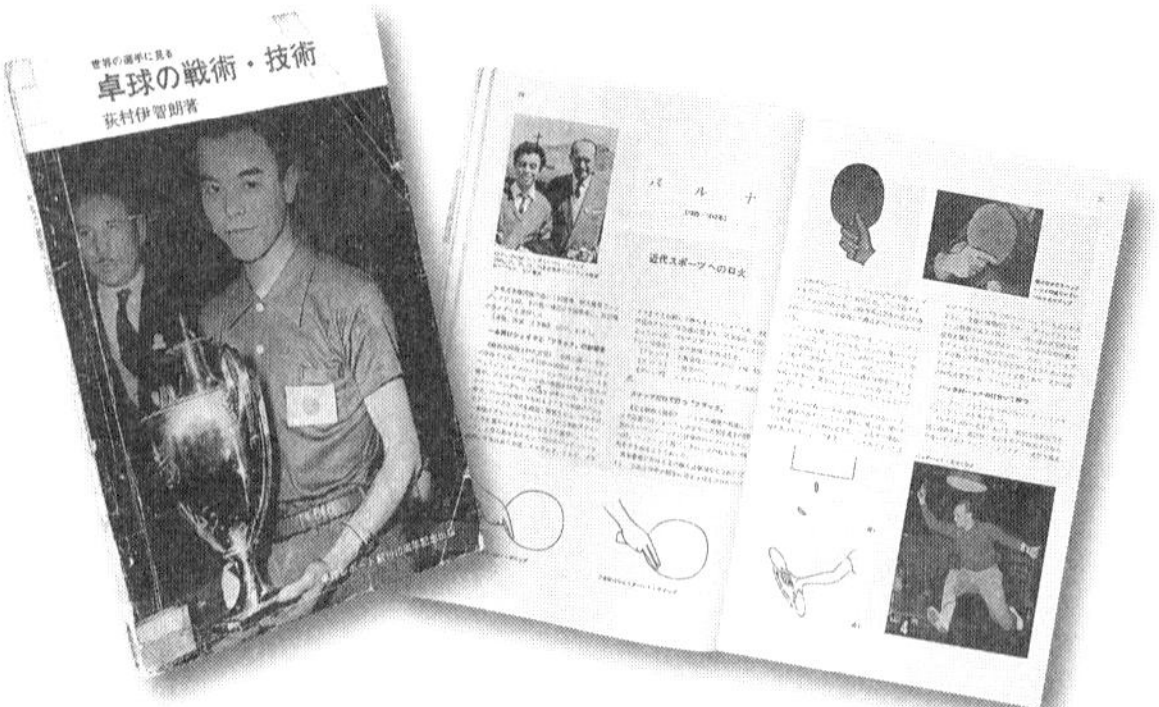

昭和 42 年発売版　※絶版

「卓球史上最高の理論書」これが本書の二〇〇二年増補改訂版に冠せられた言葉である。本書はその言葉どおりの名著であり、卓球理論書の金字塔である。

当時三十五歳で意気盛んな荻村が、日本卓球協会の上層部と意見が合わず理事を辞任した後、エネルギーを集中して書き下ろしたのが本書である。その密度の濃いことといったら他の著作とは比較にならない。

第一章で戦術論が述べられた後、第二章で、世界の一流選手三十一人について戦術・技術について詳細な紹介がされているのだが、なんといっても本書を読んで印象に残るのは、世界でもっとも偉大な卓球選手は荻村伊智朗なのだということだ。なにしろ他の選手の紹介は、それぞれ三〜五ページなのに対して、荻村自身にはなんと十六ページも使っているのだ。

それだけ荻村の卓球が卓球史で突出したものであるということだろうが、問題は「普通、そういうことを自分で書くか」ということである。

しかし話は簡単、彼は普通ではないのだ。世界選手権で十二個もの金メダルを取り、国際卓球連盟会長にまでなった男が普通であるはずがない。明晰な頭脳、稀有な表現力と行動力、そして異常なまでの自信、それが荻村伊智朗なのだ。

荻村が自分の卓球を解説した節の見出しを拾ってみる。

・卓球界の常識破った革命児
・長く高い選手生命の秘けつ
・世界最速のフットワーク
・〝最速最高〟の All Smash 理論を体で実現

予想はしていたがこれほどとは……。なんだか読むの

「世界の選手に見る　卓球の戦術・技術」
増補改訂版（平成 14 年発売版）
荻村伊智朗著・藤井基男監修

が怖い。荻村は自身のフットワークについて次のように書く。

> 私の卓球にはいろいろな特徴があるが、中でもフットワークの速さは、自分の見たあらゆる攻撃選手中最高であった、と自信を持った時期があった。その後もその時期の私のフットワークを上回る攻撃選手を見たことはない。

「フットワークの速さ」などという、比較が難しいものを、それも自分と他人をどうしてこれほど確信をもって比較できるのだろうか。これも常軌を逸した自信のなせる業であろう。

荻村が幼時から修練を積んでいたのはフットワークだけではない。バーニャ（チェコスロバキア／現チェコ）の気迫を称える文章には次のようにある。

> 筆者は世界の強豪といわれる多くの人々に練習や試合で相対したが、バーニャの異常なまでの目の輝きと一瞬も気を抜かず、弱気やゆるみを見せない集中力の強さに

バーニャ

は感心した。筆者は幼時から眼力の訓練をつんでいたので、にらみ合いはむしろ望むところであったが、気力において劣る選手ならば、ラリーが終わってから次のラリーに移るまでの間というもの、相手の目を見すえっぱなしのバーニャの闘志には、30分、1時間とたつうちにきっと疲れて圧倒されるのであろう、と思われた。（中略）

現在、バーニャは母国にあって神経の治療を受けているときく。

バーニャが過度の「にらみ合い」のせいで神経を病んだのかと思わせる巧妙な文章である。それにしても荻村が幼時よりいったい何のためにどのようにして「眼力」の訓練を積んでいたのかは興味深いところである。

本書に限らず荻村の本には、荻村の偉大さを示す記述が頻繁（ひんぱん）に出てくる。これに対して「こりゃたまらん」と思う人もいるだろうし、逆にすべてを鵜呑（うの）みにして信者になる人もいるだろう。しかし「卓球本悦楽主義者」の私としては、そのどちらも採（と）らない。

荻村の「歯に衣着（きぬ）せぬ自慢話」はそれ自体、彼が破格の人物であることの表れであり偉大さの一部である。その痛快さを手に汗握りながら味わうことが卓球本悦楽主義者の最高の愉しみなのである。

「卓球」野村堯之（たかし）

昭和四十二年（一九六七年）旺文社　※廃刊

荻村伊智朗は『世界の選手に見る 卓球の戦術・技術』の中で「古来から日本卓球界では権威者が〝卓球には体力は要らない〟と教えてきた」と書いてある。私はそのように書いてある卓球の本を見たことがなかったのだが、本書がまさにそれであった

　著者の野村は大正四年愛媛県生まれ。早稲田大学の選手時代には監督を兼ねて活躍した。選手としてのピークは遅く、昭和二十六年の全日本軟式選手権シニアの部（三十五歳以上）で優勝したのをはじめとして、オープンの部での優勝と合わせて軟式で二回、硬式ではシニアの部、ベテランの部などで合計四回の全日本シングルス優

勝を遂げている。指導者としても「チャンピオンメーカーといわれるほど多くの名選手を育てた」とある。一九七一年世界選手権名古屋大会では日本選手団の総監督を務めた。

本書の特徴は、卓球にはたいした力は要らないという体力無用論と、ショートを重視した技術論、そして野村独特の感覚的な打球理論である。

野村は冒頭の「はしがき」から次のような体力無用論を展開する。

> 先にストックホルムで行なわれた第29回世界選手権大会で、日本選手は男女7種目中6種目に優勝し、日本の卓球が世界のトップレベルにあることを実証してくれたが、これは、卓球競技が体力よりも技術に左右されることを如実に示すものといえよう。

野村は「欧米と比較して体力で劣る日本人が優勝できたのだから、卓球に体力は要らない」というのだ。大会前のハードな強化合宿によって手にした勝利が、逆に体力が要らない証拠にされるとは、ヘッドコーチだった荻村が聞いたら腰を抜かすだろう。

野村はショート主戦で選手としての実績を残した経験から、卓球に体力が要らないことを実感したのであろう。当然のことながら本書では、ショートこそが卓球の基本であることが強調され、ショートを中心とした技術解説がなされている。

野村の卓球論のもうひとつの特徴が独特の打球論である。野村は、すべての打球の基本のリズムとして「スロー、スロー、クイック、クイック」が大切だと強調しているのだが、これが大変難しい。というか常人には理解できない。

スローとは相手の送球に対して打球前から力を入れず、軽く柔らかくボールを手もとにひきつけてラケットでとらえることである。次のスローでボールの外側をラケットで包み、角度が攻撃ならボールの上部を、カットやツッツキならば、ボールの底部にラケットが水平にかみあったとき、一瞬に打球のスピードをまし、かつ前方に押さないではねることがたいせつで、これがクイックである。次のクイックは振り上げ、または右から左方へ振ったラケットを打球前の位置に早くもどすことである。

野村はこの打球リズムの指導で多くの実績を残したとあるので、実際に野村の指導を受ければ理解できるのだろう。

さらに本書では当時の日本代表選手であった渋谷五郎、三木圭一の打球の写真をあげ

「スロー、スロー、クイック、クイックになっている」と解説している（後の改版では河野満も仲間入りさせられている）。

いくら解説を読んでも、どこがそのようになっているのかわからないのだが、スロー、スロー、クイック、クイック。まことに語呂が悪く落ちつきも悪いが、なんとなくユーモラスで、ほのぼのとした気分になる打球論である。

最後に、巻末に添付されている昭和四十三年版日本卓球ルールの中に興味深いルールを見つけたので紹介する。

ラケットの両面をラバーでおおう場合、異質のラバーであってもさしつかえない。ただし、同様色でなければならない。

これは現在の異色ルールと正反対である。異質ラバーについてわざわざ言及しておいて「同様色にせよ」とは、おそらく競技の美観を考えてのことだろうか。時代は変わるのである。

なにはともあれ、スロー、スロー、クイック、クイック。

「この人のこの技術」

昭和五〇年（一九七五年）　卓球レポート編集部　※絶版

一九六九年から卓球レポートで連載された同名の企画をまとめたもので、一九六〇年代後半から一九七〇年代前半の選手二十八人の技術が連続写真で紹介されている。時代の淘汰を受けやすい技術書であるにもかかわらず、二〇〇三年に廃版になるまで、四半世紀も発売され続けていた名著中の名著である。

何といっても表紙が素晴らしい。「それぞれの一流選手のもっとも得意とする最高の技術だけを選んで写真で紹介する」という本書のコンセプトが完全に表現されている。

日常生活のすべてを犠牲にしたかのような伊藤繁雄（一九六九年世界チャンピオン）の凄まじいフォーム、二キロメートルのウサギ跳びで鍛えた大腿筋、肩関節の可動範囲の限界まで振りきった右腕、指先まで神経が行き届いたラケットハンド、力強くはり出されたフリーハンドに胸には名門専修大学の重い「S」マーク。伊藤の想像を絶する鍛錬（たんれん）が見事に表現されている。加えて粒子の粗いモノクロ写真に真紅の帯というシンプルなデザインが、まるでアウシュビッツ収容所の写真集かのような異様な迫力をかもし出している。

ページをめくると、少し青緑がかったモノクロ写真が目に飛び込んできて、当時の卓球レポートの独特の雰囲気を伝える。当時の卓球レポートは、なんともいえず地味で真面目でストイックな雰囲気があり、独特のオーラを放っていた。

目次を見ると「仲村渠功（なかんだかれ）選手の投げあげサーブ」から始まり「荘則棟選手のサーブと3球目攻撃」「関正子選手のダブルスのレシーブ」というように、まさに一流選手の中でも超一流の部分だけがとりあげられていることがわかる。

伊藤繁雄のフォアハンドのドライブとスマッシュも紹介されているのだが、伊藤は当時の日本最後の世界チャンピオンであり、卓球レポートへの登場も頻繁だったため、青少年への影響は絶大なものがあった。

実際、私の高校の先輩にも、伊藤繁雄になりきっていた選手がいた。彼は伊藤の黒ブチメガネにさえあこがれ、プレーでは極端な前傾姿勢で卓球台の角に顔をぶつけるかと思うほど低く構えていた。そして「打球後のもどり」に何よりも注意し、自分がはなはだしいオーバーミスや空振りをした後でさえ、来るはずのない「次球」に備えてこれ見よがしにすばやく基本姿勢に戻っていたものである。全国にも同じような「間違った伊藤繁雄」が大勢いたのではないだろうか。

本書の中ほどのコラムでは「これらの二十八人の技術をすべて使って試合をしたらどうなるか」がシミュレーションされており、これがなかなかおもしろい。

サービスは許紹発の投げ上げサービスを出し、三球目は荘則棟の両ハンド攻撃とヨニエルのパワードライブをまぜるという贅沢な攻撃。もし返されても五球目はヨハンソンと田阪登紀夫のスマッシュでとどめを刺す。これに対して相手は、ベンクソンと鍵本肇のストップ、徐寅生のショートと葛新愛の粒高ショートで応戦する。さらに木村興治のフットワーク、河野満の逆モーションにシュルベクのパワードライブが炸裂し、最後は長谷川信彦のロビングと林慧卿のカットが登場して収拾がつかなくなってしまう。想像するのも恐ろしいものすごいラリーである。

卓球の技術はどんどん進化している。その中にあって、本書が技術書でありながらなぜ三十年も発売され続けていたのだろうか。

実際に鉄のラケットを使って打球する練習までしたヨニエルのパワードライブのバカでかいフォーム、長谷川信彦の尋常ではないロビングのフォーム、前陣速攻という目的のために不自然なまでに短く切り詰められた荘則棟のフォーム。確かにこれらの多くは、そのままでは必ずしも現代に通用するものではないかもしれない。

しかしそれらの技術は、それぞれの選手がその時代で勝つために個性を徹底的に磨き上げ、いびつなまでに高めたものなのであり、それが普遍的な美しさを放っているのである。

編集の山中教子の手記から、この本にこめられた思いが伝わってくる。

長年月の努力の尊さと、あれもこれもと思う心を切り捨てて〝徹する心〟を持つことの大切さを感じられることは、スポーツマンの心の基本姿勢といえるだろう。たくさんのすばらしい技術が紹介されたが、どうかひとつひとつ大切に見てほしい。

そういう態度でみたならば、動かない写真もじっとみていると動き出すだろう。そして、きっとあなたの心を高め、あなたの技術を伸ばすだろう。

「中高校生指導講座Ⅱ」荻村伊智朗

昭和五十一年（一九七六年） 卓球レポート編集部 ※絶版

『中高校生指導講座1』の続編。卓球レポートでの同名連載の一九六三年から一九六八年までの掲載分をもとにまとめたものである。著者の荻村伊智朗は、この連載中、四年間にわたって全日本のヘッドコーチを務めており、その考え方をも知ることができる。

荻村は「素質」について次のように書く。

天才はいるか。いる。君だ。

君は「自分は世界にたったひとりしかいない天才だ」と思わねばならない。一方では、「他の人もみんな、一人ひとりが天才だ」と思うことのできる心の余裕を残してほしい。「自分は天才だ」と、本当に思えるときは、「天才はいない」ということに人は気づくのである。

正直言って私は、この文章の正確な意味はわからない。わからないにもかかわらず感動を覚える。優れた詩がそうであるように、この文には、意味を越えたところで人を感動させる力があるのである。

さて、一読者としては、ただ荻村の文章に感動していればよいのだが、実際に彼の指導を受けるとなると話は別である。

本書の巻末に、荻村がヘッドコーチとして行なった全日本の強化合宿の記録が収録されているのだが、これがかなりキツイ。中でもキツイのが、毎夜一時間半にわたって行なわれたスポーツ科学などの「学習」である。一日八時間もの練習とトレーニングでクタクタなのに、夕食後に勉強をさせられるのだから、さぞかし選手は苦しかっただろう。しかもその内容が、次のようにいたずらに難解かつ執拗なものなのだからたまらない。

・物理学の原理と生理学の原理との調和点　(例)スマッシュの際のひじの角度

・運動型反応と感覚型反応。卓球のレシーブとの関係
・スタート前のタイミング調整とニュートンの法則

もちろん、話者はすべて荻村伊智朗。講義を受けてすっかり生気を失った選手たちの様子が目に浮かぶ。

また荻村は、参加した選手の基礎技術の低さを次のように嘆いている。

私や田中利明、富田芳雄選手らが、10年まえに〝100発51中理論〟で実戦をやれたのも、ロングに対してもカットに対しても何千本でも粘れるコントロール、超人的な反応速度の速さ、柔軟性、いろいろな打球点をこなせるフットワーク技術、攻撃と守備（ショート、カット、ロングなど）の基礎技術に充実したものを持っていた上であったのだ。

その点から見ると、高校はもちろんだが、一般の選手でも、基礎の充実、それも多角的な充実を果たしている選手はほとんど、見あたらなかった。

この合宿に参加した十四名は、当時の日本トップクラスの選手たちであり、その中には、木村興治、長谷川信彦ら、のちにシングルスやダブルスで世界チャンピオンとなる選手が八名も含まれているのだが、これら全員が「基礎がなってない」というのだから大変なことである。彼らがのちに大成したのは、荻村が基礎を叩き込んだおかげだということだろうか。もっとも荻村の基準では、彼らが「大成」したかどうかさえも怪しくなる。

大成には二つの意味がある。一つは自分の能力を限界まで発揮したということ。もう一つはそのときのパフォーマンスが人間能力の限界と等しかったということ。

たとえ世界チャンピオンになっても、それが「人間能力の限界のパフォーマンス」でなければ、大成とは認めないというのだ。厳しいというよりムチャクチャだ。

一九六〇年代は、日本の卓球が中国に王座をあけ渡した時代である。その流れをくい止めようと、必死になって後進の育成をはかる荻村の姿が、本書に見てとれる。自らの神格化のアクセルをいっぱいに踏み込みながら。

「卓球　基本技術と実戦テクニック」河野満

昭和五十七年（一九八二年）　ナツメ社　※絶版

一九七七年世界選手権バーミンガム大会で世界チャンピオンとなった河野満の卓球技術書である。そのペンホルダー表ソフトによる両ハンドの前陣速攻は、世界卓球史に残る独創的なスタイルであり、現在もその後継者は見当たらない。

本書は、荻村伊智朗の薫陶を受けた河野らしく、技術的には一部の隙もない模範的な内容になっているのだが、本質的ではない部分、写真とイラストがなんとも可笑しいものになっているのだ。このあたり、いったいどういう事情なのかはわからないが、数ある本の中でも異色の卓球指導書となっている。

グリップやフォームを紹介する時に「良い例」と比較して「悪い例」をあげるのは指導書によくあることだが、ここにあげられている例が悪すぎるのだ。

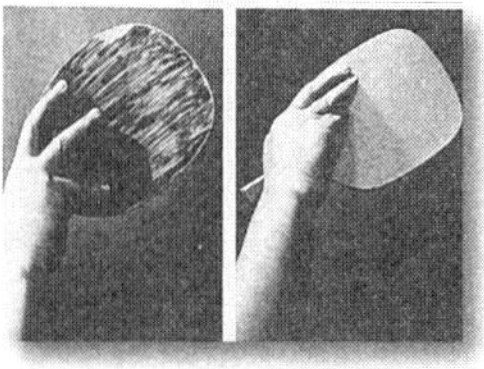

世界卓球史に燦然と輝き、あれほど繊細で研ぎ澄まされた構えを持つカリスマ・河野満が、なぜこのような格好をしなければならなかったのか。飾らない人柄にも限度というものがあろう。いや、それ以前に、ここまで悪い例を載せる必要があったのか。

上の左写真も、単に「悪い例」にとどまらない異常な写真である。指をこんな位置に置きながらも、ピシッと揃えているところがまるでブラックジョークのようで、見る者の感性を刺激する。

ここからは、河野というよりはイラストレーターの批評になる。まずは絵を見ていただこう。

「暴飲暴食」を戒めるイラストである。どうだろう、この男のいかにも自堕落な感じ。大口をあけて嬉しそうに焼き鳥をほおばり、ビールの大瓶を二本も転がしている。そして数えきれないほどの煙草の吸殻。うしろの壁にはヨットの絵が、遊び人の象徴としてかけてあるという念の入れようだ。独特のタッチで描かれた堕落した人間像が、まるで宗教勧誘のパンフレットの挿し絵のようで面白い。

もうお気づきだろうが、このイラストレーターは、独自の表現世界をもっているようなのである。この絵も、準備体操の様子のはずだが、不安定な描線がまるで幽体離脱を思わせる。

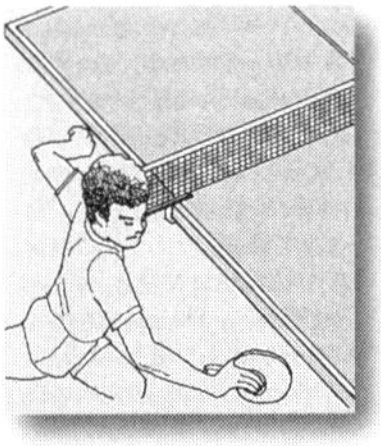

「進路妨害」の説明のイラストである。ラリー中に隣のコートの選手がボールを追って進入してきた様子であるが、この腰のひねりと重心の安定ぐあいはどうしたことだろう。ストレッチ体操をしているようにしか見えない。ラケットを突き出しているのでラリー中

なのだろうが、こいつ、この体勢からどっちにどうやってボールを打ち返すつもりだ？　これほど構図が狂っている一方で、どうでもよいラケットの裏面の指あてなどが描いてあるところがポイントだ。

バッドマナーの様子である。いかにも大きな声を出している様子が激しい吹き出しと荒々しい字体で表現されているが、これまた神経を刺激する絵であり、その意味でもバッドマナーである。そして選手のフォームはどうみても河野のライバルで一九六九年世界チャンピオンの伊藤繁雄だ。こういう心配りがまた嬉しい（よりによってバッドマナーのモデルにしてしまったところがアレだが）。そういえば本書の表紙もライバルの長谷川信彦（一九六七年世界チャンピオン）である。自分を表紙にしないところにも河野の謙虚さが表れている。

謙虚といえば、イラストレーターも謙虚らしく、本書のどこを探しても名前は載っていない。まさかとは思うが……世界のカリスマ河野満が、コート上だけではなく画用紙の上でもペンを握ってしまったのではないことを願うばかりだ。

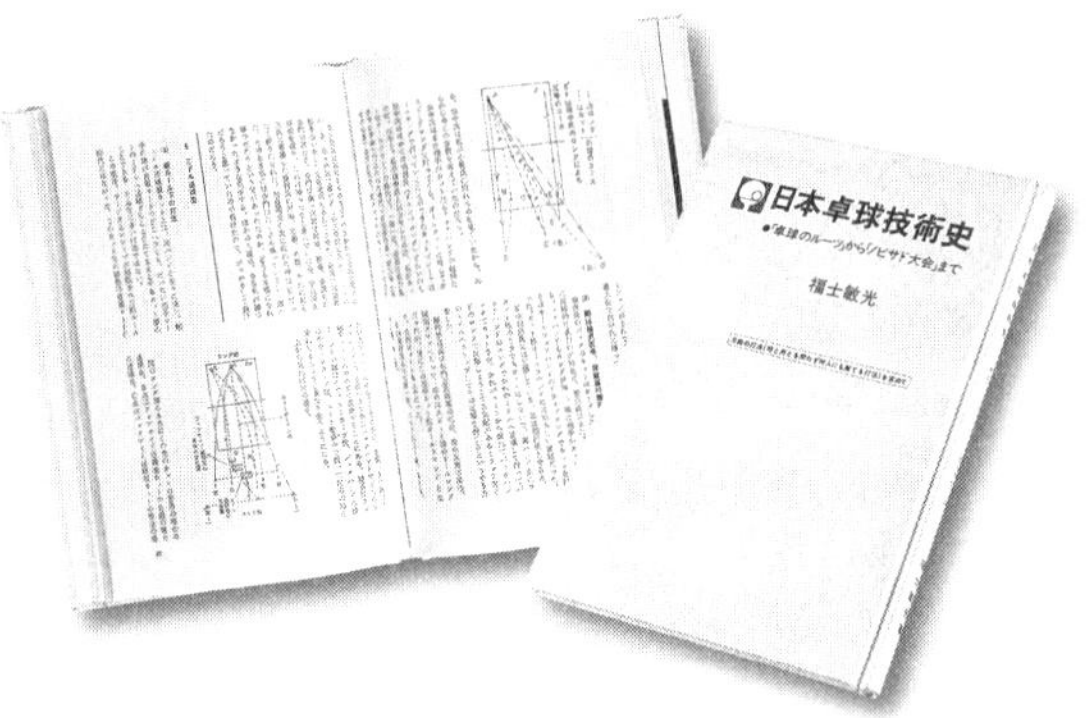

「日本卓球技術史」福士敏光

昭和五十七年（一九八二年）自費出版　※絶版

著者の福士が自らの経験をもとに綴った、大正末期から昭和初期までの日本の卓球技術史である。その内容は詳細を極め、比類のない貴重な卓球史資料となっている。

しかし、本書が面白いのは実はそこではない。福士は、選手としても指導者としても昭和十三年には引退している（！）のだが、どういうわけか、それから三十七年も経った一九七五年、世界選手権カルカッタ大会に副団長として参加する話が日本卓球協会から舞い込む。すでに福士は六十八歳となっていたが、それから約二年半、福士は日本チームの強化本部長兼総監督を務めるのである。

そのときの体験談が本書の後半に紹介されているのだ

が、これが大変に面白いのだ。

なにしろ福士の卓球観は、まだラバーもなかった昭和初期で止まっているのだ。時は一九七〇年代後半。高性能裏ソフトラバーによるパワードライブ、粒高やアンチスピンラバーによる変化プレー全盛の時代であるが、福士の知ったことではない。福士は当然のように、昭和初期の技術論で日本代表チーム強化の指揮をとるのだ。

たとえば、福士による選手の戦型分類は次のようなものだ。河野満と伊藤繁雄は「スピードドロング」、長谷川信彦と小野誠治は「ドライブロング」、郭躍華とシュルベクは「カーブロング」、ベンクソンと蔡振華は「ショート性スピードロング」だそうだ。どこがそうなのかはわからないが、そう見えるらしい。

また、カットマンについては、相手コートのどこに送球するかによって「フォアサイド送球型」「バックサイド送球型」「ミドル送球型」といった具合だ。

それにしても、蔡振華（一九八一年、一九八三年世界二位）の卓球を紹介するのに、アンチスピンラバーについてただのひと言も触れていない卓球本は、世界でも本書だけだろう。

このような考え方で現代卓球を論じることにはかなり無理があると思うのだが、やはり、現役選手との間にズレが起こってくる。

一九七七年バーミンガム大会前の強化合宿では、横田幸子（世界女子複三位）に対してフォアサイド送球型のカットをアドバイスして「けげんな顔」をされ、枝野とみえ（世界女子複三位）にはフォアハンドが下手になるからと「バックハンドの稽古をやめさせよう」として反発され、漆尾珠江（インターハイ一位）には「適性を見込んで」カーブロング型を勧めて無視されている。当然だろう。

福士　張立と張徳英がリ・ソンスクのカットを打てなかったでしょう。あのカットは日本のいまのカットと反対のカットだ。

藤井　カットの球質がナックル性であるという意味ですか。

福士　いや、バックサイド送球型なんだね。昔の中島（正郎）のタイプですよ。

一九七九年ピョンヤン大会後の座談会である。「中島のタイプですよ」と言われても対談相手の藤井基男も困ったことだろう。なにしろ中島正郎が全日本チャンピオンになった昭和五年には、藤井はまだ生まれてもいないのだ。

あるとき福士は、河野満（一九七七年世界チャンピオン）から「三球目攻撃」について聞かされるのだが、これにも福士は納得がいかない。

私はそのとき不思議なことをいうものだと思った。勝つのは早い方がいいに決まっている。何も三球目攻撃などと事新しくいうまでもない。もしどうしてもそういういい方をしたいならば、むしろ一球目攻撃といえばよい。それはできればサービスで得点するということだ。そしてそれがだめなら三球目。それがだめなら五球目というのが理論的にも正しいわけだ。

優れた知性と素朴な卓球観が織りなす魅力あふれる文章である。このあたり、昭和初期から現代にタイムスリップした福士翁（おう）の「現代卓球見聞記」といった趣（おもむき）で実に味わい深い。

このように、現代卓球と奮闘しながらも生き生きと活動していた福士だったが、ある日突然、協会から本部長を解任され、福士の旅は終わりを告げたのだった。なお、本書発行の翌年、福士は再び世界選手権日本チームの団長となっているが経緯は不明である。

「卓球競技を見るための本」荻村伊智朗

昭和五十七年（一九八二年）　同文書院　※休刊

タイトル通り、卓球を見て楽しむための本である。著者は卓球の生(いき)神様荻村先生（本の帯にこう書いてあるのだ！）。他のスポーツの同様の本もあるので企画は出版社によるものだろう。卓球の面白さを世に伝えようと、はりきって筆をとった荻村の様子が想像できる。

荻村はまず、スポーツを見て面白いと思う要素を二つあげている。ひとつは、応援している選手の勝敗への興味による面白さ。もうひとつは、選手の鍛えられた作品としての技を見る面白さである。

では、何がおもしろくないか、というと、たとえばレベルの低い技、練習不足による技の低下、くせのある動き、くふうしていない動き、鍛えていない体や運動能力、弱い気力や頭脳、低い風格とマナー、このようなものは、決しておもしろいとはいえません。

わざわざ「面白くない例」の方を詳しくあげるあたりに荻村ワールドが感じられ、嬉しくなってしまう。

本書は、卓球を知らない読者も楽しませようと表現の工夫が凝らされている。その結果、一般受けどころか逆に最も濃い荻村ワールドになってしまっているところが素晴らしい。

王会元とオロスキーの激しいラリーを「速射砲とエクゼソミサイルの打ち合い」と表現してみたり（一般人の知らない単語を比喩に使うのも荻村の特徴）、ベンクソンを「ヨーロッパの宝石」、范長茂を「魔術師」と形容したのはまだいいとして、王会元は「野武士」、一九八〇年ヨーロッパチャンピオンのヒルトン（イングランド）にいたっては「西洋忍者」だ。トホホ、哀れヒルトン。

童顔が巨人をキリキリ舞いさせてハンガリーから団体王座を奪還した立役者の謝賽克（中国）のライジング強打。ノビサド大会での謝対ハンガリー勢の試合は、さながらその昔、京の五条の橋の上での牛若丸は左ききだったのではないかと思わせたほどだ。

これなど、もはやどういう比喩なのかまったくわけがわからない素晴らしさだ。

荻村の解説はプレーそのものにとどまらず、試合中の選手のしぐさにまでおよぶ。

試合会場に入ってきた選手を見るポイントは「ウォーミングアップを十分にした血色のよい状態で目もとがはっきりとし、しかも落ち着いた態度でいること」だそうだ。

サービスを決めるトスのときのしぐさは「物欲しげではなく、そうはいっても無関心ではなく、余裕をもって、てきぱきと対応していること」、ラリーの合間のかけ声は「カン高い声、うわずった声でなく、落ちついた腹から出ているような低い声で、力強くラリーの終わった直後の早いタイミングで自分を励ます声のでていること」が好調の印だそうだ。

なんとも厳しい基準だ。選手じゃなくて本当によかった。

　また、卓球界のこぼれ話がいろいろと紹介されているのだが、なかでも圧巻はベンクソンの偉大さを説明するくだりで、中国のかつての名選手・李富栄が、一九六〇年代から一九八〇年代までの選手の中で「彼自身と荻村を除いた」男子選手のナンバーワンとしてベンクソンをあげたという話である。
　ベンクソンが偉大なのはいい。李富栄が自分自身を除くのもわかる。しかしどうして荻村まで除かなくてはならないのか。李富栄の発言の状況説明はないが、荻村が李の口をかりて言いたかったのは「自分は別格だ」ということだろう。……素晴らしい。
最後に荻村は、表彰台の上の選手についてまで次のように述べる。

　二位、三位の者に対しての握手も忘れて、カップを手にして踊りあがり、自分の関係者だけに手を振るなどのマナーは決してほめられたものではありません。こういうマナーのチャンピオンは強さも長続きしていません。また、二度とその台上に上がることもないでしょう。

　世界選手権の表彰台の一番上に、十二回も立った荻村ならではのメッセージである。

「これからの卓球と卓球哲学」福士敏光

昭和五十九年（一九八四年）自費出版　※絶版

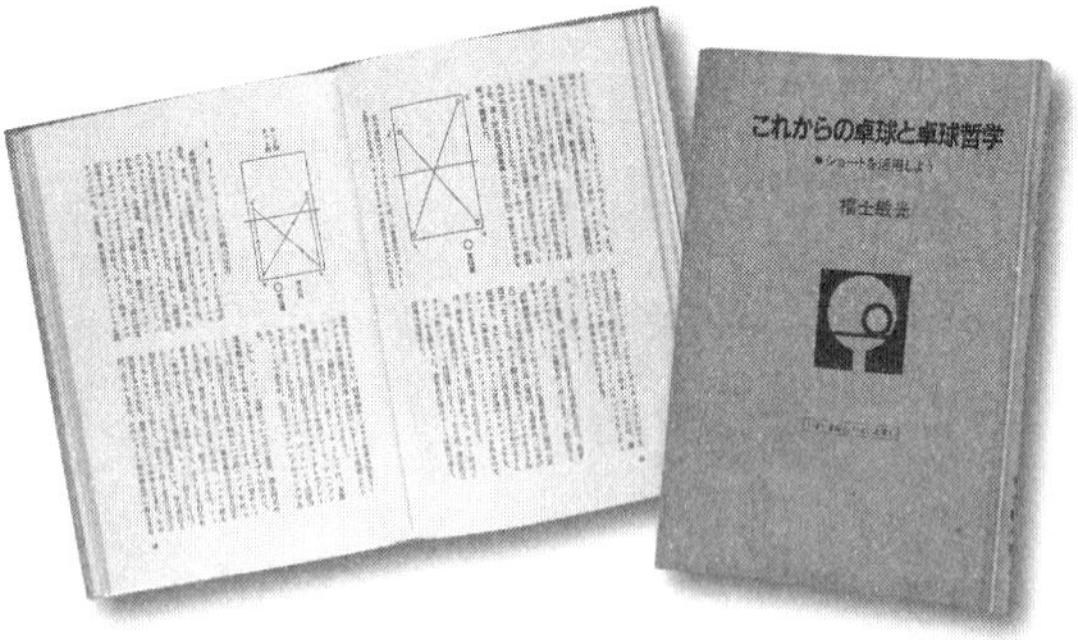

「これからの卓球」と題し、昭和五十九年に発行されたにもかかわらず、根拠となる技術のほとんどが昭和初期以前のものという恐るべき卓球本である。

福士は、導入部で「これからの卓球ではショートが重要」と、やおら結論を出す。そのショートの要点について、福士は次のように書く。

なお、私と同時代のショートプレーヤは、すべて返球してラケットを手元に引く時には必ずラケットの下部をコートにあてながら引いたものだ。打球の安定のためである。最近はこういう動作が見られないようだ。ショート技術は退歩したものと思う。

「最近」がいったいつのことを指しているのか興味深いところだが、技術が低下しているのはショートだけではない。カットもだ。最近の選手はカットに専念せず、攻撃も並行して練習するため「カット技術がまるでだめになった」というのだ。そして促進ルールがこの風潮を助長していると批判する。ルールまで批判するのは福士の得意技だ。

そもそも福士は、カットをシェークハンドですることからして気に入らない。カットマンは、相手によってはオールショートで戦えなくてはならないというのが福士の考えであるが、往年のカットマンはペンホルダーだったからこれがうまくでき、シェークではこれがうまくできないはずだというのだ。そして現在、ペンのカットマンがひとりもいないことを「不思議でならない」とし、ペンホルダーのカットマンの育成を強く主張する。

以上のような福士の意見に対して「今は昔とくらべて用具も技術も進歩しているので、古い技術論はあてはまらない」と反論をしても無駄である。福士は現代卓球を知らないのではない。それどころか、一九八三年世界選手権東京大会では日本選手団の団長を務めるなど、最前線で現代卓球を目の当たりにしているのだ。

つまり、郭躍華やヨニエルのパワードライブを見てなおペンカットを提案し、江加良の鉄壁のショートを見たうえで「ラケットを台に擦れ」と言っているのである。

実際、福士には、現代卓球のプレーことごとくが、昭和初期の卓球と重なって見えるようなのである。たとえば、王会元（一九八三年世界三位）のプレーを見て「彼が世界選手権大会で高島君とやった時から何か気にかかっていたが」「やっと思い出すことができた」と前置きして次のように書く。


それは昭和3年第1回東郷優勝旗戦（大学高校対抗戦）で東大が優勝したが、あの時の私の打法（一本差し、バックハンド主力のショート性オールラウンド）のバックハンドのクロスの攻撃球によく似ていると言うことだった。


平成三年ではない。昭和三年である。ラバーもなかった時代の福士のボールの、いったいどのへんが王会元のボールに似ていたというのだろうか。想像を絶する眼力である。

本書の後半では「これからの卓球」というタイトルからいよいよ離れ、大正から昭和初期にかけての主な選手六十三人の打法が紹介されている。

面白いことに、六十三人全員について打法の他に「丸顔」とか「目が大きい」など人相が書いてある。福士には「卓球の打法の適性は人相と関係がある」という確固たる持論があったからである。

たとえば浪華商の森田圭純という選手について次のように書く。

旧姓は高田、ペングリップ一本掛け。オールフォアハンド・ドライブロング。（中略）森田氏は中背、面長、顔色は普通の人よりずっと黒く、私たちは彼のことを牛蒡（ごぼう）と呼んでいた。

念のために調べてみたら、なんと森田圭純は昭和七年の全日本チャンピオンだった。福士はこんな肝心なことを書かずに「ゴボウと呼ばれるほど顔色が黒かった」という、どうでもよいことを本書に遺したのである。

そして、そのために「森田圭純」の名が、その優勝からおよそ八十年後の現代に、こうして蘇ったこともまた事実ではある。

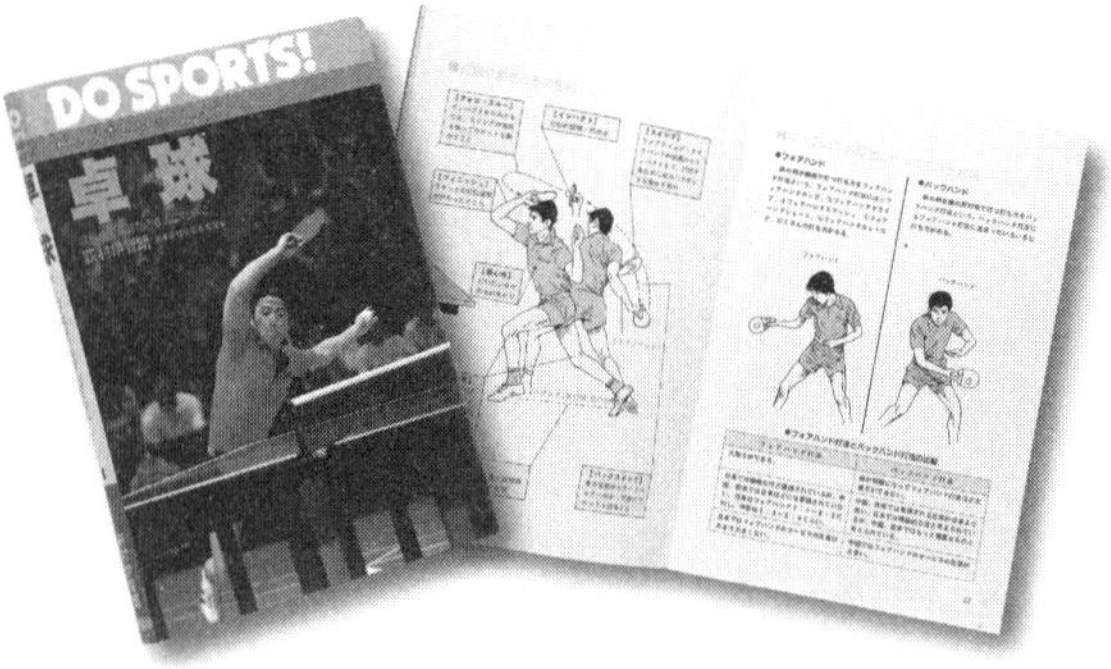

「ドゥ スポーツ シリーズ **卓球**」**荻村伊智朗**

昭和六〇年（一九八五年）　日本文芸社　※絶版

著者の荻村伊智朗は、序文で「この本は、私が今まで書いた九冊の卓球の本の中で、いちばん基礎をほりさげた本です」と書いている。それでなくとも何から何まで書きすぎるくらい書いている荻村がわざわざこう断るのだから、いやがうえにも緊張感が高まる。

読書は、本を置く前に机の上を見て、光が反射する角度でないかを確かめてから、額の前で、光線を左側45度から採るようにします。

掘り下げすぎである。読書の仕方まで書く卓球の指導書がどこにあるというのか。

卓球用具の説明でも基本を掘り下げすぎて、ラケットの製造方法「はぎとり式」と「スライス式」の違いなど、選手にはほとんど関係のないことまで説明されている。

さらに「私のプレーは動きが激しく大きいので、よくラケットを割りました」とか「私は、高校時代、二年生の冬が終わるまで〝はだし〟で卓球をやりました。運動靴を買っても、三日で底に穴があいてしまうからです」といった類の無意味な自慢話が、退屈になりがちな話に花を添える。

用具の説明が終わると、やっと準備体操だ。ここでも基本を掘り下げているため、なんと号令のかけ方から解説が始まる。

号令のかけ方は、一巡目が「1, 2, 3, 4, 5, 6, 7, 8」。二巡目は「2, 2, 3, 4, 5, 6, 7, 8」。三巡目は「3, 2, 3, 4」で、四巡目が「4, 2, 3, 4」です。そして一つの運動の終りの「8」をいわずに、次の運動の名前をいいます。

この後、連続写真を使った体操の説明が延々十四ページも続く。腕を左右に振る体操の解説には「写真のようにピシッと水平に決まるには、かなりの時間が必要」とあるが、準備体操の目的を忘れてはいないだろうか。

準備体操が終わってもまだまだ実技には入れない。トレーニングだ。ここでも荻村の要求は厳しい。

10キロぐらいまでは単調な走り方でもよいのですが、20キロ、30キロになってくると、スピードに変化をつけたり、途中に素振り（原文のママ）を入れたりして、楽しく走るようにしたいものです。

「はじめて卓球を志す人のため」の本ではなかったのか。素振りをしながら三十キロも走ったのでは楽しいどころではない。腹筋の説明では「首の後ろに重りをつけてすることもありますが、年少者や高令者（原文のママ）はやめましょう」とあるが、別ページで紹介されている「バーベルをかついだうさぎ跳び」の方が問題だと思うのだがどうだろうか。

この調子で、全体の半数ものページを費やした後に、やっと打法の説明に入る。

打法の説明も「基本的な原理や動きを忠実に守り、正しい基礎を体で覚える」ことを目的にたいへん細かく解説されている。たとえばツッツキの説明は次のようにある。

バウンド後40センチぐらいのところの台上15センチぐらいのところを20度ぐらいに傾斜させたラケットを水平に動かしてゆくのが標準的な打ち方です。

もう泣きたくなるくらいに細かい。

以上のように、この本は、やりすぎなくらいに基本を掘り下げて書かれているのだが、その一方で、どうしたことか「本」の基本はなっていない。本稿の引用部分でもわかるとおり、誤字脱字が多いのだ。フルドナー（ワルドナー）だの、ドッグドライブ（バックドライブ）だのとあり、うっかりしていると犬まで卓球をさせられるのだ。用具の説明のところで「休高」が「イボ高」の間違いだと分かったときは、まるでクイズを解いたときのように嬉しかったが、喜んでいる場合ではない。

完璧主義者の荻村にしてはあまりに不自然なのだが、一体何が起ったのだろうか。真相は不明だが、コレクションとしては大変貴重な一冊である。

「卓球・勉強・卓球」荻村伊智朗

昭和六十一年（一九八六年）　岩波書店　※品切れ

荻村伊智朗の自叙伝である。高校一年で卓球を始め、二十一歳で世界チャンピオンとなり、多くの世界チャンピオンの育成を経て、国際卓球連盟の要職（当時会長代理、後に会長）にいたる半生が綴られている。

タイトルが『卓球・勉強・卓球』で、裏カバーにも「勉強とスポーツを両立させた努力の軌跡」とあるが、勉強の話は一ページしか出てこない。見事なハッタリである。内容も素晴らしい。いかにも荻村らしい「したり顔」の口調で、出来すぎたエピソードが次々と語られる。「ほんとかよ?」と笑いながらも、つい感動してしまう、そんな魅力にあふれた自叙伝である。

話は、荻村が都立西高で卓球と出合うところから始まる。みんなでアルバイトをして卓球台を買って大八車に乗せて渋谷の道玄坂から井の頭通りまで引っぱってくるところ、インターハイの費用を捻出するために修学旅行を返上するところ、学校に無断で合宿を企てて校長先生に見つかって怒られるところなど、実に生き生きと描かれている。純粋に卓球に熱中する荻村少年の姿がここにある。初々しい当時の写真がまぶしいほどである。

荻村は二歳のときに父を亡くし、母親と二人暮らし。母親は教育熱心だったが、荻村は高校三年の大学受験の期間中も、母親の目を盗んで卓球の練習を続ける。風呂に行くと言って出かけるのだ。

三キロほどの道を一五分ぐらいで走って行き、卓球の練習を三〇分から四〇分ぐらいやって、それからまた一五分ぐらいで走って帰ってきます。真赤な顔をして帰ってくるので、母親は本当に風呂に行ったと思って信じて疑わなかったのですが、一日も休まず卓球をやりました。

風呂に入ってきれいになるはずの息子が、逆に汗臭くなって帰ってくるのを、この母親はどう思っていたのだろうか。それにこの息子は風呂に入っていなかったのだろうか。なんとも愉快な話である。

都立大（現・首都大東京）に入学した荻村は、世界チャンピオンになったばかりの佐藤博治ら日本代表とバーグマンらの試合を観戦する機会を得る。試合は日本代表の完敗だったが、最後まで自分の戦法を貫き通した佐藤の戦いぶりに、後に「生涯の手本」と言うほどの感銘を受ける。

けれども、同時に思ったのは、「ああ、これはこの人たちがまた再び、世界選手権で勝つということはもうありえない。やっぱり自分たちがやらなければだめだ」ということで、はじめて自分と世界選手権とを後楽園のアイスパレスで結びつけたのです。

卓球界の先輩を尊敬しながらも、同時に不遜（ふそん）ともいえる思い込みをするチャンピオンの特質がすでに表れている。

こうして荻村の卓球への情熱はいよいよ高まり、都立大二年の暮れ、選手生命を賭けた全日本選手権を迎える。荻村はこの大会に向け、日暮里駅の階段を二度も休まなければ上れなくなるほどの激しい練習をやり込んでいた。しかし優勝どころか、東京予選で敗れてしまう。荻村は初めて人前で声を出して泣いた。

その日の日記に、大変キザな言葉なのですが、〝笑いを忘れた日〟と書きました。「もう卓球をやめられない」と思ったのです。「負けてやめるのは挫折(ざせつ)だ。いままでの一心不乱の何年間が挫折だなんて承知できない。必ず納得のいくプレーをやってからやめよう」と思ったのです。

母親の雑誌を一冊ずつ古本屋に売って練習代を得ていた無名の貧しい青年が、試合で負けた夜、母親が寝静まった隣の部屋でひとりノートに〝笑いを忘れた日〟と書きつける、その光景をリアルに想像するとき、私は言い知れない感動を覚える。

それからの荻村は、生活のすべてを卓球に捧げた死に物狂いの生活を送る。こうして翌年、全日本選手権で優勝し、一気に世界への階段を駆け上がって行くのである。

「ジュニアスポーツシリーズ**卓球教室**」**荻村伊智朗**

平成元年（一九八九年）成美堂出版　※絶版

小学生を対象にして書かれたもので、監修は朝日小学生新聞。少し難しい漢字には振り仮名が振ってあり、説明のイラストも可愛らしく、いかにも優しそうな体裁を整えている。

しかし著者は荻村伊智朗、ただで済むはずがない。それどころか「鉄は熱いうちに打て」とばかりに、他のどの著書よりも思い切った主張が書かれている。

一九八〇年代は中国の前陣速攻の時代であった。その速さについていけずに敗れた日本を再建すべく、荻村は徹底的な打球点重視の卓球を主張していた。本書でも、先入観のない小学生にその設計思想を植えつけようとしており、改革を急ぐ荻村の焦りさえ感じる。
たとえばフォアハンドについては次のように書かれている。

・テイクバックでひじが体の横より後にいくフォームはダメ
・重心が右足と左足の間を往復するフォームはダメ
・肩の関節を使うフォームはダメ
・打球点は左足つま先の上

これらはすべて、早い打球点を実現するために荻村が考えた原則である（フォアハンドを本当に左足の上で打球するとボールは隣りのコートに飛ぶのだが）。これらの強硬な主張が「です・ます調」でやさしく語られているところがかえって恐い。

革新的なのは技術だけではない。「新しい卓球には新しい言葉が必要」とばかり、荻村によって考え出された数々の卓球用語が、さも常識のように使われているのだ。

その代表的な例が戦型だ。従来の卓球では戦型といえば「ドライブ主戦」「カット主戦」「前陣速攻型」「異質型」などであったが、本書での分類は次のような異様なものである。

①時間本位型（打球点の早い戦型）
②場所本位型（異質反転型）
③回転本位型（ドライブ主戦、カット主戦）

これらの戦型の分類はもちろんのこと、言葉自体、荻村が勝手に創造したものなのだ。従来からある卓球用語についても、荻村は執拗なまでに言い換えている。「ワンコース」「ランダム」といった練習のコースは「単線練習」「乱線練習」と呼び、「一歩動」「交差歩」といったフットワークは「シングルステップ」「クロスステップ」と呼ぶという具合だ。

英語に統一しようとか日本語に統一しようというのではない。ただ変えたいだけなのだ。しかし本書を読んだ初心者が「乱線練習しよう」とか「時間本位型のフットワークはシングルステップが大事だよね」などと言っても誰にも話が通じないのだ。ひどい話である。

小学生に対する無碍な仕打ちはまだまだ続く。

ネットインが出たときは、ラリーが終わってから「失礼」と軽く手をあげてください。フランス語の「パルドン」や英語の「ソーリー」でもいいですよ。
　これを実行して、先輩に袋叩きにされる中学生の姿が目に浮かぶ。まことに罪作りな本である。
　人を食ったようなたとえ話も健在である。カットサービスに対するレシーブの説明は次のようにある。

　ボールに対する接点は、ボールを地球にたとえれば南極点を打ちます。あまり切れていないカットサービスならば、タスマニア島あたりというように、相手のスピンの大小によって接点をかえることはもちろんです。

　この「タスマニア島あたり」というところの素晴らしさは筆舌に尽くしがたい。読者の小学生を完全に煙に巻くこの一文だけで、本書の六七〇円（当時）の価値があると私は思う。

「卓球クリニック」荻村伊智朗

平成二年（一九九〇年）　ヤマト卓球　※絶版

卓球専門誌「TSPトピックス」で連載していた「荻村伊智朗にきく卓球上達のヒント」をまとめたものである。読者からのさまざまな質問や相談に対して荻村伊智朗が答えるコーナーで、連載は一九八〇年から一三〇回を数えたとある。

このような企画が十年も続くということは普通では考えられないのだが、荻村は例外である。豊富な経験と知性に裏打ちされた荻村の回答は常に意外性にあふれ、読む者を惹きつける。凡庸（ぼんよう）な質問からどんどん話を広げて、質問とほとんど関係のないところで自説を繰り広げていく様は芸術的ですらある。

「ぼくは体が小さいのですが、体が小さい人は台から下がってドライブでねばるのは不利でしょうか」という愛媛の小学生に対して荻村は次のように答える。

いつまでも小柄なのかどうか、そのへんもよく考えた方がよいでしょう。小学生であれば、成長が止まるまでにあと8年から10年あります。今からカルシウムをたくさん食べてみてください。

いったい誰が「大きくなる方法」を質問したというのか。このように、質問者の意図をはるかに越えた回答をするところが荻村の凄いところだ。

荻村の回答は、基本的には優しく丁寧である。どれくらい優しいかというと「ぼくは視力が〇・一です。目で見る限りではボールの回転はほとんどわからず、ボールはボケて見えます。眼鏡をかけたほうがよいでしょうか」というような「いいから早く眼鏡かけろよ」と言いたくなるような質問に対しても

卓球は、視力があるほうがよいかないほうがよいかと言えば、あるほうがよいと思

います。つまり有利です。しかし、視力の弱い人でも世界的なプレーヤーになっている例はあります。

とクソ丁寧に答えてわざわざ眼鏡をかけた選手の写真を紹介する。なんとも優しい。しかし、ひとたび質問の中に「甘い考え」を感じ取ると荻村の回答は一転して厳しいものになる。「ダブルスのとき、表ソフトの人のサービスに変化がなく、強くはられてしまいます。」という宮城の伊藤良徳くんに対しては「表ソフト自体でも相当の変化が出るはずなのです。なのに変化がでないという人が裏ソフトを使ったところでたいした変化が出るはずがありません」と、厳しい正論を放つ。

荻村は、質問者の「間違った考え」を正すことにも情熱を傾ける。

「ぼくはペン裏ソフト中・後陣攻撃型ですが、思いきりスマッシュしても、なぜかスマッシュを返されます。ふつうにスマッシュしてもダメだと思い、スマッシュにカット回転や横回転をつけようと思ってがんばって練習していますが、思うようにいきません。京都府船井郡　藤井研史」このような質問は荻村の格好のえじきである。

あなたの質問にはいくつかの注目すべき点があります。中・後陣攻撃型が、中、後陣から思いきりスマッシュしてもなぜかスマッシュを返されるというのは、ごく自然に思います。（中略）中、後陣から打てば、時間がある、ボールが減速する、弾道がわかりやすいなどの理由から相手もスマッシュが打ちやすくなるわけで、そこにはなぜかという疑問の余地はありません。次に、裏ソフト中・後陣攻撃型が中、後陣から思いきりスマッシュするということにも疑問を感じます。

「注目すべき点がある」というから誉められるのかと思えば、全てを否定された藤井くん。その後、どのような卓球人生を歩んだだろうか。

それにしても本書を読んで驚かされるのは、質問者たちのあまりに絶望的な状況である。「ドライブを打とうとすると台に入りません」「サービスにまったく回転がありません」などと、とにかくわけもなく「入らない」人が次から次へと現れては荻村に助けを求めるのだ。

これらの絶望的な質問に対して荻村は、強引に原因を推定し解決の方法を断定していく。まったく並の技量と神経でできる技ではない。

「私のスタンディング・オベーション」荻村伊智朗

平成三年（一九九一年）日本卓球

卓球専門誌「ニッタク・ニュース」で連載された「世界の人々」をまとめたものである。この連載は、当時国際卓球連盟会長だった荻村伊智朗が、世界で活躍する現役選手をひとりずつ紹介するもので、一九八七年から四年間続いた。選手の技術だけでなく、人柄やエピソードの紹介に得意の昔話をまじえた秀逸な連載であった。

本書では選手の写真も大きくレイアウトされ、卓球の素晴らしさ、深さ、厳しさがおだやかに慈しむように語られる。まさに極上の卓球夜話本として手元におきたい一冊である。

荻村は序文で次のように書く。

天才に錬金術はない。ダイヤモンドの原石を持った人だけが、その才能を磨いて、磨いて、磨き抜いて、輝かしい光を競いあうことを許される。その場が世界選手権大会なのだ。

荻村は「英才作りに錬金術はない。鉛はいくらめかしても鉛、金は金の鉱石からしか作れない」と書く。しかし卓球における才能が何を指すのかは、実は誰にもわからない。荻村が序文で語るように、卓球は「一人一人が自分の語り口で語って夜が明ける」あまりに複雑で多様なスポーツだからである。それを物語るのが、一九九〇年代に女子卓球界で無敵を誇った中国の鄧亜萍の存在である。この大選手の身長は一五〇センチしかなかった。

それにしても、鄧は卓球の果てしない可能性を私達に告げてくれている。あらゆるボールゲームの中で、勝利の女神がもっとも広い範囲の遺伝子に歓迎の手を差しのべているのは卓球競技だ。負けず嫌いで、腕の節がことのほか強く、頭の回転もよく、卓球がことのほか好きな少女には、ひとより数センチ足が短いことなどは気にもならないことなのだ。

一九八七年に世界選手権の男子シングルスで二連覇を成し遂げた中国の江加良を荻村は次のように評する。

連覇の難しさはだれよりも難しいことだったろう。私や田中利明の場合、年間の強さからして、世界で負ける可能性のある選手は片手以内だったが、江加良の場合は両手の指でも足りないくらいだっただけになおさらだ。（中略）ビューティフルとしかいいようのないプレーが決勝戦でも続出し、マッチポイントのラリーでも出た。調整の難しいスプリンターがこの日のために二年間の精魂をこめ、磨き上げたプレーだった。

荻村の自慢話もかなりゆるく抑えられ（これでもゆるい方なのだ！）、苦手な人にも読みやすいものになっている。江加良はこの二年後のドルトムント大会では審判とトラブルを起こして観衆からブーイングを浴びて惨敗し、卓球史の舞台から去って行く。

全盛時代のさっそうとした面影を、去ってゆくときにも保ち続けることの難しさ。良い人生経験になった、と彼があの審判とのトラブルを思い出せるようになるには20年以上の歳月を必要としよう。

自分自身を含め、幾人ものチャンピオンの誕生と最期を見つづけてきた荻村の、深く温かい眼差しがここにある。

一九八七年二月、荻村は前任のエバンスを六十五票対三十九票で破って国際卓球連盟会長の座に就いており、直後にこの連載は始まっている。念願かなって名実ともに世界卓球界の頂点に立ったことで生まれた余裕が、荻村の強烈な自己顕示欲のアク抜きとなり、結果的に卓球への素直な思いが伝わってくる魅力あふれる文章になっている。

すなわちこれは、荻村が卓球界の頂点に立ったからこそ書けた、卓球そのものへの「スタンディング・オベーション」なのである。

第五章

追憶の卓球

私と世界選手権

まるで私が世界選手権に出たことがあるかのようなタイトルだが、そうではない。あくまで観戦者の立場で世界選手権の思い出をつづってみたいのだ。

私が最初に世界選手権というものを知ったのは、卓球を始めた中学一年のときに学校の図書館から借りた『卓球 世界のプレー』(荻村伊智朗著 講談社)という本でだった。そこには一九七一年名古屋大会の一流選手たちのプレーがふんだんに紹介されていて、異様に論理的な荻村伊智朗の解説と、男子シングルスに優勝したスウェーデンのステラン・ベンクソンに惹きつけられたものだが、世界選手権はまだまだ現実感のない遠い存在であった。

中二のあるとき、体育の先生が「卓球の世界選手権で日本人が優勝したな」と言った。私は世界選手権をやっていることすら知らなかったが、一九七七年バーミンガム大会の河野満の優勝だった。しばらくすると、河野が隣町に講習会にやってきた。百本、二百本のことを「しゃっぽん、にしゃっぽん」と言っていたのが印象的だった。サインをもらった色紙には〝努力〟と書いてあった気がする。

高校一年のある朝、部室に行くと二年生の先輩が「小野が優勝したぞ」と言った。小野といえば三年生の小野さんしか知らなかったので「何の大会だろう？　なぜ先輩を呼びすてに？」と見当違いのことを考えた。一九七九年ピョンヤン大会での小野誠治の優勝だった。視聴覚室のビデオで郭躍華との決勝を見た。ボールもろくに見えないボケボケの映像だったが、これが初めて見た世界選手権の映像だった。

私にとって世界選手権が現実のものになったのは、大学二年のときの一九八三年東京大会だ。大会に向けて日本代表チームが、床に転がって回転レシーブをしたり、中国のサービスを返すためにインパクトを布で隠した変化サービスを受けるマンガのような特訓をしているという情報が入ってきていた（効果はあったのだろうか）。大会は泊りがけで見に行ったが、泊めてもらった親戚のおじさんが、卓球をまったく知らないのに日本女子のカットマンが中国に負けたのをテレビで見て「日本は台から離れているから弱いんじゃないか」と言った。そうとは限らないことを説明しても「でも、あれは不利でしょ」と譲らない。その言いっぷりがどうにも癪(しゃく)にさわり口論となる（実は本質的なところで正しいところが余計に癪に障った）。翌日、選手にサインをもらおうと裏口から入っていったらいつの間にか観客席に着き、タダで入場してしまったことがよい思い出である。誰でもよかったので通りかかった選手に声をかけ「あなたは誰ですか」と聞いてサインをもらったものだった。失礼な話だ。

一九九一年幕張大会に行ったころには、荻村伊智朗に傾倒しながらも「明るい卓球」キャンペーンに説明しがたい違和感を覚えていた。女子決勝でコリアが中国を破った試合に感動したが、在日朝鮮人と思われる一団以外は歓声がそれほどでもなかった。男子団体決勝のスウェーデンとユーゴの試合も淡々とした中で行われ、スポーツの興奮と熱狂からは程遠い、芸術鑑賞のような雰囲気にもどかしさを感じる。

二〇〇一年大阪大会。この十年の間にインターネットが急速に普及し、私は「荻村の遺志を継ぐのは俺だ」とばかり卓球のメジャー化に向けて思い上がった使命感に燃え、投稿したりウェブサイトを作ったりするようになっていた。その勢いで、大会中に開催されたスポーツ科学会議で卓球のテレビ放送について発表をした。男子決勝の中国対ベルギーを見たが、やはり会場は静かだった。日本が強くなる以外に盛り上がる方法はないのかもしれないと思う。

そして二〇〇八年広州大会、私に転機が訪れた。本業の都合で米国に赴任して卓球に触れる機会が極端に減った反動から、初めて海外での試合を見にいくことにしたのだが、ついでに「卓球王国」の取材陣として現場からネット速報をすることになったのだ。以来、ほぼ毎年世界選手権に同行するようになっている。その最初の大会が二〇〇八年広州大会だった。

それまでも外国での世界選手権は凄いとは聞いていたが、実際に見ると日本での世界選手権とは桁違いの迫力だった。こんなに凄いのならどうして教えてくれなかったのかと文句を言いたいほどだった。聞けば、中国男子がスウェーデンの四連覇を阻んだ一九九五年の天津大会はもっと凄かったというし、シュラガーと朱世赫が死闘を繰り広げた二〇〇三年パリ大会は史上最高だったという。こんなことならどんなことをしてでも見に行くのだったと後悔した。

日本での世界選手権との違いは観客の歓声だ。当たり前だが、中国チームへの応援が凄い。男子決勝の韓国戦の前など、会場の外には顔にペインティングをしたり、旗を持ったりハッピみたいなのを着たりのファンがあふれ、完全にお祭り騒ぎだ。もうそれを見ているだけで「こりゃ大変な試合になるぞ」とむやみに興奮してくる。いよいよ試合開始時間になって選手たちが会場に現れると「おお」という低い声で会場がどよめき、それが歓声に変わる。ベンチに整列をして選手が一人ずつコールされるのだが、もっとも歓声が大きかったのは、世界ランク一位の王皓でも世界チャンピオンの王励勤でもなく、監督で一九九〇年代の英雄、劉国梁。まだ試合が始まってもいないのに、もう感動で目頭が熱くなる。

試合が始まると、中国が得点するたびにもの凄い声援だ。ゲームの合間やタイムアウトの間は静かになるかと思うと逆で、歓声が止むどころか「馬琳、加油」などの大コールでますます会場は騒然となる。もう隣の人との会話もできない。中国の選手ではなくても、会場のどこかで長いラリーが続くと、打球に合わせて「おーっ、おーっ、おーっ、おーっ、わーーーーっ」と、ポイントが決まるまで一人一人が本当に楽しそうに叫ぶ。決してフェアな観客ではないが、盛り上がりは素晴らしかった。

それからは、東日本大震災があった二〇一一年ロッテルダム大会を除いて（私は行く気満々だったのだが妻から「まさか行かないよね」と言われ「行くわけないだろ」と急遽断念）、毎年世界選手権に同行している。

そして昨年二〇一四年東京大会。三十一年ぶりに日本女子が決勝進出を決めた香港戦は、まさに薄氷を踏む大変な試合だったが、それを見守る卓球王国取材陣も冷静ではいられなかった。四番の石川が一ゲーム目11－4本で取ったとき、日本の勝利を確信した私は、今野編集長に握手を求めながら「明日の決勝も速報をするのでホテルを延長お願いします」と言った。すると、その直後から石川の調子がみるみる崩れ出し、あっという間に二ゲーム連取されてしまったではないか。私が浮ついたことを言ったからだと取材陣から半分以上本気で非難囂々である。私が「悪い気」を出しているとまで言われる始末だ。

思えばその直前、男子準決勝のドイツ戦でも、三番の松平健太がゲームカウント2－1とリードしたところで浮かれて観客席の知人のところに行って「勝った勝った」とはしゃいでいたらそこから二ゲーム連取され「疫病神だからあっち行け」と追い払われたのだった。縁起など信じない私ではあるが、なにしろ三十一年ぶりの決勝進出がかかっているし、後で何を言われるかわからないので、石川の四ゲーム目では逆に「もう負けるので帰りますから今晩のホテルもキャンセルしてください」と言うと、今度は「言い過ぎ」「縁起でもない」とまた非難囂々である。男女ともすでにメダルを確定し、あとはもっと上を狙うだけという状況が、何とも言えない興奮状態を作り出し、誰もが饒舌になった日であった。

関係ないが、ヨドバシカメラの店員も饒舌であった。記者席があまりに遠かったので双眼鏡を買いに行ったのだが「卓球にはこの倍率です」と当たり前のように断定された。卓球に詳しいのかと思えば「石川は爽やかで好きですけど愛ちゃんはすぐ泣くから嫌いですね」と言う。一体いつの話だろうか。大丈夫かコイツ（笑）。

アンドロのブースで売り子をしていた知人のデビッド（日本人）など、男子がまだ準決勝をやってもいないうちから「決勝の中国戦はオーダーが難しいですね」と明らかに気の早いことを言う。デビッドによれば水谷は中国に苦手意識があるので、ベストオーダーは、水谷を出さず丹羽と健太の二本プラス三番塩野の布陣だそうだ。正気だろうか。「それで負けたらどうなりますかね?」と聞くと「バカだと言われるでしょうねえ」とすまし顔だ。こういう勝手なことを楽しく言い合えるのもまた勝っているからこそだ。

日本開催だけあって、私に声をかけてくる人もいた。山本くんは『奇天烈逆も〜ション』の大ファンだという。私のファ

デビッド

山本くん

ンは文字が好きでかつオタクであり、従って卓球の実力はイマイチの場合が多いのだが、その点を確かめてみると、案の定、自他ともに認めるオタクで、中一から卓球を始めて現在三十歳であるにもかかわらず「最近やっとフォア打ちができるようになりました」と言うのだから並ではない。オタク日本代表に認定してやった（世界選手権はないと思う）。本書を二十冊ぐらい買ってもらいたい。

ドニックのブースでは、ひとりの青年が寄ってきて（男ばかりだ）「伊藤繁雄さんですか」と言った。世界チャンピオンと間違えられるとは光栄である。髪型（か？）のせいだろうか。よっぽど成りすまして素振りでもしてやろうかと思ったが止めて「いいえ、伊藤条太です」と答えると、それも知っていたらしく握手を求められ、なんとか辻褄が合った次第だ。終わりよければすべてよしである。彼には四十冊買ってもらいたい。

このように、男女ともメダルを獲得した上に、思いがけず単行本六十冊の目処が立つという、まことに実り多い世界選手権東京大会であった。

東京大会はそれなりに盛り上がったので良かったのだが、その盛り上がりのかなりの部分がＢＧＭの音量によるものであるところが少し残念である。ＢＧＭなどなくても観客が歓声を上げるようでなくてはならない。

そもそも日本の卓球人は真面目すぎる。試合を見て勉強したり研究したりする観客ばかりでは、拍手は起こっても歓声は上がらない（私もそのタイプだ）。せいぜいが応援団の合図に合わせて義務感で声を出すくらいだろう。それは本物の歓声ではない。野球を見よ。サッカーを見よ。誰に頼まれなくても気がふれたように叫びまくり、時に暴動さえ起こすではないか。卓球に欠けているのは、そういうイカれた観客なのだ。

日本人は真面目で知られる反面、酒を飲んだときの醜態（しゅうたい）は目に余るものがある。そう、観客席を暑くしてプロ野球のようにビールを売るのだ。正気を失った卓球ファンは中国の観客など問題にならないくらいの大声を発するだろう。とくに団塊（だんかい）の世代の性質（たち）の悪さは目を覆うばかりで、頼もしいことこの上ない。選手は命がけ、観客は遊び、これでいい。その結果、大会が盛り上がり卓球のメジャー度が上がれば、それがすべての卓球人のプラスになるのだ。

さらに念を入れて、あらかじめ絶叫する若者を雇っておくのもよい。金がなくて体力だけはある若者ならいくらでもいるだろう。毎年ニュースをにぎわす、成人式で大騒ぎをする連中なんかどうだ。日当三千円で昼食付き（ハンバーガー）なら大喜びだ。羽織袴で来てもらって思いっきり酒を飲ませ、景気づけに一発ぶん殴ってやればあとは勝手に一日中騒いでくれる。

もちろん、観客の絶対数も重要だ。遠くから来る客の入場料を無料にするとか、犬猫、バイクも会場に入れるなどの工夫が必要だろう。二〇二〇年の東京五輪のときには、日本卓球協会にはそこのところをよく考えてほしい。

二〇〇九年世界選手権横浜大会・妄想観戦記

横浜開港百五十年を記念して盛大に行われた世界選手権横浜大会。私は取材陣として乗り込み、ウェブサイトで試合の実況を行った。しかしそれは表向きだ。実は私は実況をするふりをしながら報道席からひそかに選手に念を送っていたのだっ！

なにしろ今回は個人戦だ。上位進出の難しさは団体戦の比ではない。マスコミはメダルメダルと軽々しくあおり立てるが、それがどれほど絶望的に難しいことかわかっているのだろうか。メダルを取るためには世界のベスト4にならなくてはならない。メダカを捕るのとはわけがちがう。横浜でメダカが捕れたのは昭和三十年代までだという。その後の急速な都市化によって川は汚染され、もはやメダカさえ捕れないのが現状である。話がそれたが、メダカ、いやメダルを取るということはそれほど難しいことなのだ。

日本選手の世界ランクを見てみよう。高い順に書くと、平野早矢香十九位（当時、以下同じ）、水谷隼二十二位、韓陽二十三位、福原愛三十一位……どこがメダルじゃーっ！

普通に考えれば、上位選手十五人くらい全員に下痢でもしてもらわないととてもメダルどころの話ではない。まして「メダルの色は」などと破廉恥きわまりない話をできる状況には到底ないっ！

この実力差を埋める唯一の方法は〝精神力〟の上をいく〝神通力〟である。こう結論した私は、パソコン画面に文字を打ち込む作業をとおしてコートに念を送るという、ルールの盲点をついた作戦に出た。今大会の日本選手の大活躍の裏に、このような秘密があったとは、さすがの蔡振華・中国卓球協会会長も知るまい。

私の念がもっとも効果を発揮したのは石川佳純の帖雅娜戦だ。「がんばれ」などという平凡な言葉では念力は出ない。ときにはおだて、ときには相手のやる気をそぎ、さらには

石川にちなんで啄木の俳句を読むなどの工夫が必要である。特に勝負どころで大きな効果を発揮したのが〝魔除け〟として速報ページにアップした、いったい何を打っているかわからないフォームの昔の選手たちの写真だ。このころから帖雅娜はまるで怨霊（おんりょう）にとり憑（つ）かれたかのように見る見る気力が落ちていき、ついにはゲームカウント0―3の劣勢から石川の大逆転勝利となった。石川はそのままおキツネさまが乗りうつったままベスト8にまで入ってしまったのはご覧のとおりだ。いまもたぶん憑いたままだと思うので、このまま放っておくのがよい。くれぐれも目をさまさせないよう、大きな音を聞かせたり辛いものを食べさせたりしないよう関係者は注意が必

男子ダブルスの表彰式で岸川・水谷組の銅メダルを金メダルに変えようと懸命に念を送る筆者

要だ（そんな話聞いたこともないが）。

さすがの私の念も効かなかったのが、松平健太の馬琳戦だ。相手が五輪チャンピオンとあって考えすぎ、ラブオールからいきなり「アメニモマケズ」を朗読したのがまずかった。さらに魔除け写真もいたずらに刺激の強いものを求め、ブルドーザーや飛行機、仏像などの写真を使って馬琳に試合放棄の説得を試みたが、さすがに卓球に関係がなさすぎたためか馬琳の耳には入らず、文字通り「馬の耳に念仏」であった。

以上のように、多少の反省点はあるものの、世界選手権史上初の卓球祈祷師プレスとして大きな手ごたえを感じた横浜大会であった。

二〇一三年世界選手権パリ大会・観戦記

前年のドルトムント大会で劉国梁にコケにされた借りを返そうと、鼻息も荒くパリに乗り込んだ筆者。見事、トイレで劉国梁に屁をブッ放したことでその雪辱を果たしたが、その安堵もつかの間、今度は観客席に新たな「ライバル」を発見。ある意味、似た者どうしの二人がパリの体育館で共鳴した頭の痛いレポート。

大会を通して、ベルシースポーツホールの観客席で全身を日の丸で覆い、あらん限りの声で日本選手に声援を送り続ける男がいた。その姿も声もあまりにも目立つため、大会五日目にはITTFの報道担当の目にとまり、選手用のブースに連れて行かれてインタビューをされたほどである。インタビューの様子の動画はその日のうちにITTFのウェブサイトにアップされ、世界中の卓球ファンの目にさらされることとなった。

彼は自称「マックス・マーさん」と言い、日本卓球界を救うために来たのだという。そして、日本からもフランスに力を送って欲しいとカメラの前で絶叫したのだが、このマーさん、興奮しているのか素なのかわからないが、とにかく正気に見えない。目まぐるしく変化するあまりにも豊かすぎる表情は、何かを吸い込んだか注射したとしか考えられないそれであり、卓球もついにここまで来たかと思わせる傑作映像であった。パリ大会の大きな成果であると言えよう。

翌朝私は、試合観戦そっちのけで観客席のマーさんのもとに向かった。ちょっと怖い気もしたが、あれほどのパフォーマンスをする人物を放っておくわけにはいかない。

私の突然の訪問をマーさんは快く迎えてくれた。素顔のマーさんは、やはりちょっとだけハイではあるが、いたってまともな好青年であった。話を聞くと、これまでの世界選手

男子ダブルス準決勝で水谷／岸川がタイムアウトの場面で、会場モニターにはなぜかマーさんの踊り狂う姿が

権でもいろいろと活動をしてきたという。二〇一〇年モスクワ大会の前には、日の丸の旗に応援の署名を二千人分集めて成田空港で選手団に渡すために、この格好で軽トラックで日本全国を巡って、テレビ、ラジオ合わせて三十三局に出演したという（やっぱりまともじゃないかも……）。なんだかわけがわからないが、ともかく素晴らしいエンターテイナーである。

さて、マーさんに会いに行ったのには実はもうひとつ目的があった。それは、マーさんに応援の仕方を変えるようにお願いすることだった。冒頭、マーさんの応援が目立ったと書いたが、実はその目立ち方が問題であった。マーさんの応援は単にニッポン、ニッポンの連呼ではなく「さあ気合い入れるぞー!! ニッポン人のみんなー!! ニッポン、ニッポン、五回行きますよー!! ハイ、ニッポン、ニッポン……」というような、ちょっとガラの悪い人のような演説スタイルであり、静かな場面でそれが始まると、ベルシースポーツホールの空気が完全にマーさんならぬヤーさんに支配されたような状況になるのであった（だからインタビューまでされたのだ）。そしてそれは、日本選手の試合に悪影響があるレベルだと我々取材陣は感じていたのだった。

私はキレられたらどうしようと思いながら恐る恐る話を切り出したが、マーさんは極めて冷静に聞いてくれた。最初こそ、自分の応援が選手のマイナスになっているという私の意見が信じられない様子だったが、最後には理解を示してくれた。

それからマーさんはめっきりと静かになった。あまりに静かなので、私の隣の男など「ちょっと静かすぎるんじゃない」「条太さん言いすぎ」「もうちょっと応援するように言ってきて」と言いだす始末である。なんと勝手な編集長だろうか。

マーさんは今後の世界選手権でもこれまで以上に頑張ると語っていた。何を頑張るのかちょっと不安だが（笑）、演説スタイルの応援以外は大賛成なので、彼に続いて日の丸をつけた若者がわんさか出てきて、卓球の世界選手権が盛り上がることを大いに期待している。

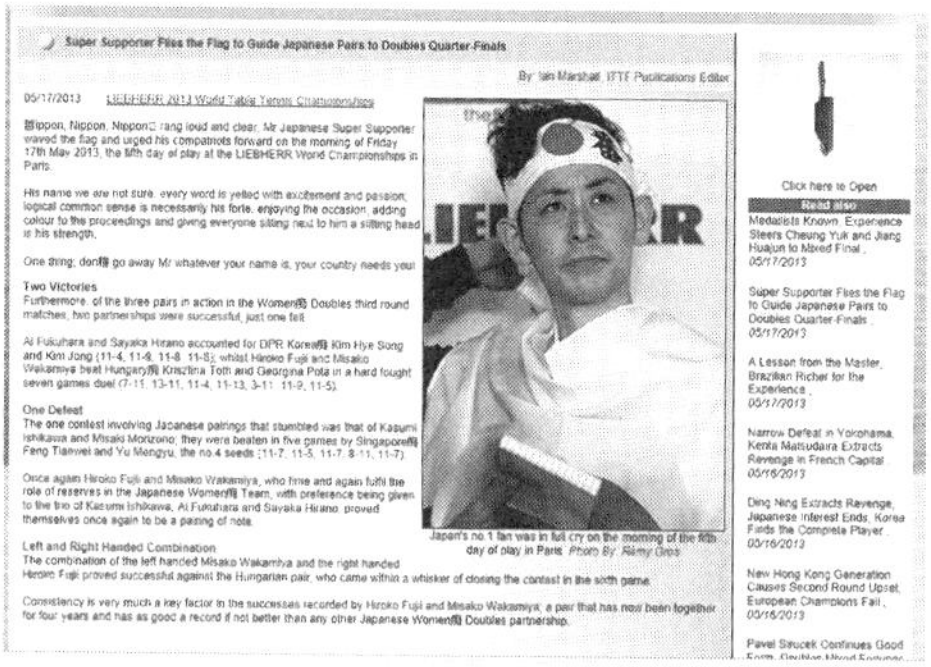
Super Supporter Flies the Flag to Guide Japanese Pairs to Doubles Quarter-Finals

By: Ian Marshall, ITTF Publications Editor

05/17/2013　LIEBHERR 2013 World Table Tennis Championships

"Nippon, Nippon, Nippon" rang loud and clear, Mr Japanese Super Supporter waved the flag and urged his compatriots forward on the morning of Friday 17th May 2013, the fifth day of play at the LIEBHERR World Championships in Paris.

His name we are not sure, every word is yelled with excitement and passion; logical common sense is necessarily his forte, enjoying the occasion, adding colour to the proceedings and giving everyone sitting next to him a splitting head is his strength.

One thing; don't go away Mr whatever your name is, your country needs you!

Two Victories
Furthermore, of the three pairs in action in the Women's Doubles third round matches, two partnerships were successful, just one fell.

Ai Fukuhara and Sayaka Hirano accounted for DPR Korea's Kim Hye Song and Kim Jong (11-4, 11-9, 11-8, 11-8); whilst Hiroko Fujii and Misako Wakamiya beat Hungary's Krisztina Toth and Georgina Pota in a hard fought seven games duel (7-11, 13-11, 11-4, 11-13, 3-11, 11-9, 11-5).

One Defeat
The one contest involving Japanese pairings that stumbled was that of Kasumi Ishikawa and Misaki Morizono; they were beaten in five games by Singapore's Feng Tianwei and Yu Mengyu, the no.4 seeds (11-7, 11-5, 11-7, 8-11, 11-7).

Once again Hiroko Fujii and Misako Wakamiya, who time and again fulfil the role of reserves in the Japanese Women's Team, with preference being given to the trio of Kasumi Ishikawa, Ai Fukuhara and Sayaka Hirano, proved themselves once again to be a pairing of note.

Left and Right Handed Combination
The combination of the left handed Misako Wakamiya and the right handed Hiroko Fujii proved successful against the Hungarian pair, who came within a whisker of closing the contest in the sixth game.

Consistency is very much a key factor in the successes recorded by Hiroko Fujii and Misako Wakamiya; a pair that has now been together for four years and has as good a record if not better than any other Japanese Women's Doubles partnership.

Japan's no.1 fan was in full cry on the morning of the fifth day of play in Paris. Photo By: Rémy Gros

Click here to Open

Read also

Medalists Known, Experience Steers Cheung Yuk and Jiang Huajun to Mixed Final, 05/17/2013

Super Supporter Flies the Flag to Guide Japanese Pairs to Doubles Quarter-Finals, 05/17/2013

A Lesson from the Master, Brazilian Richer for the Experience, 05/17/2013

Narrow Defeat in Yokohama, Kenta Matsudaira Extracts Revenge in French Capital, 05/16/2013

Ding Ning Extracts Revenge, Japanese Interest Ends, Korea Finds the Complete Player, 05/16/2013

New Hong Kong Generation Causes Second Round Upset, European Champions Fall, 05/16/2013

Pavel Sirucek Continues Good

ITTF ウェブサイトの 2013 パリ大会での記事
（「ITTF Super Supporter」検索でも見られる）

C君のこと

卓球に熱心な会社員なら誰でもそうだと思うが、新入社員の中に卓球経験者がいないか探すものだ。私が入社した頃のキャプテンはかなり強引な人で、卓球経験者の情報をどこからともなく入手し、本人に断わりもなく入部手続きを済ませ、いきなり「春季リーグ戦」の日程を連絡するというのが常套(じょうとう)手段であった。私はそこまで強引なことはしないが、卓球経験者が入社してくればもちろん嬉しい。

あるとき、私の部署にC君という新入社員が配属されてきた。C君は自己紹介で「学生時代は卓球をやっていました」と言った。私は嬉しさに顔がほころぶと同時に「ほう。戦型は?」と聞いたのだった。職場としては踏み込みすぎの質問だったが、これが聞かずにいられようか。C君は「イボ高です」と答えた。本格的な答に私はいよいよ嬉しくなり、周りの上司や同僚かまわず「一枚?」と続けて聞いた。それに対するC君の答えは衝撃的だった。C君は「はい一枚です。裏には貼っていません」と答えたのだ。この可笑しさを共有できる人間がその場に一人もいないことがなんとももどかしい。

私はこのC君の返事から次の二つの事実を導いた。ひとつ。この男は「一枚ラバー」という単語を知らない。よって、卓球常識がかなり不足している。二つ。この男は、ラケットの片面に粒高ラバーだけを貼って卓球をしており、それを普通のことだと思っている（張燮林じゃあるまいし）。よって、かなり技術レベルが低い。

この会話で、私は早くもC君に戦力外の烙印を押したのだが、とりあえず卓球部に入れた。ほどなく、一緒にある大会に出ることになったのだが、C君の「使えなさ」は予想を超えていた。C君は会場に来なかったのだ。家に電話をしても出ないし、当時は携帯電話もない。団体戦だったから我々は一試合もできず、怒りに燃えながら会場を後にしたのだった。

翌日、私は出社してきたC君を厳しく問い詰めた。聞いてみると別の体育館に行ってしまったのだという。実は我々は、大会の前日に練習をしたのだが、なんと彼はその体育館に行ったというのだ。しかし我々はそのときに試合会場までの行き方について話し合っているのだ。「お前、体育館への行き方について皆で話したことは覚えてるよな?」「はい」「じゃなんでその体育館に行かないんだよ（泣）?」「次に練習するときのことを話しているんだと思っていました」絶句。「……それで、会場に行ってみてどう思ったんだ?」「はい。剣道の試合をやっていたので帰りました」「バガヤロッ!」後にも先にも職場であれほど怒ったことはない。

後で思えばC君は特別な人間であった。仕事で製品の分解の仕方を実演しながら教えていたのだが、C君は「はい」「はい」と返事をしながら私の顔を見るばかりで肝心の手元をまったく見ていない。「お前、話聞いてないだろ」「ああっ、すみません、他の事を考えてました」「何考えてたのか言ってみろ」「夕飯のことです」「なんでだよ(泣)?」「はい、〃製品を傷めないように〃と聞いたところから炒め物を連想し、今日の夕飯は炒め物にしようと思ってしまいました」絶句。

他にもC君は、出張のときに新幹線の切符をなぜか始発駅から買おうとしたり、宇都宮駅と東武宇都宮駅を間違えたり、まあ思いつく限りの間違いはほとんどやらかす、まさにオールラウンドプレーヤーなのであった。C君を叱るのは私のストレスとなり「どうしていつもいじめるんですか?」と詰め寄られる夢を見たこともあったほどだ。

いじめているつもりはなかったが、今にして思えば、卓球に関してはちょっとやりすぎたかもしれない。私はC君に「自分がこれからどういう卓球をしてどうやって点を取るつもりなのか、戦略を書いてレポートしろ」と命令したのだ。荻村伊智朗じゃあるまいし、なんと無茶を要求したものだろうか。

当然のように、ほどなくC君は卓球部を退部し、あろうことかヤマハのギター教室に通い始めた。それではと、私ともう一人加えて三人でバンドを組んだのだが、五回練習したところでC君は「パンクはちょっと……」と言い残して脱退。

人はこういう気まずいことを経験しながら大人になるのだなあ。ちなみにC君はその後、仕事で見違えるように成長して「普通」になり、今では〝伸び率一〇〇〇%男〟の呼び声が高い。彼が卓球界に戻ってくる日は来るのだろうか。

ファンレター

『卓球王国』には、読者のアンケートハガキというものがある。その中で私のコラムについて触れられているものがあると、編集部が毎月コピーを送ってくれる。何十通もあるととてもそんなことは無理だと思うのだが、幸いにもと言おうか残念にもと言おうか（笑）、月に十通もないので、手を煩(わずら)わしていただいている次第だ。当然ながら送られてくるのは肯定的なものだけなので、私はそれらを勝手に「ファンレター」と位置づけ、気分よく目を通しているというわけだ。

ほとんどのハガキは「面白いです」とか「ファンです」といった単純なものだが、中には、ギャグなのか本気なのかわからないが、面白いハガキもあるので、ご本人たちの許可を得た上で紹介したいと思う（年齢はハガキをいただいた当時）。

尾木竜司くん十六歳はいきなり「伊藤条太先生、いつも妄言(もうげん)を読ませていただいています」と始まる。仮にも先生のお言葉を〝妄言〟と表現したところが素晴らしい。そして「試合で点を取った時にヨーという声にビブラートをかけたらよいと思うんですよ。

相手は気になって集中できないと思います。もし、バッドマナーだと言われてもただの美声なので問題ないです。だから試合で勝ちたかったら卓球の練習なんかしないでボイトレに行くべきなんですよ」と続くが、これでは、このコラムのファンは卓球が下手なヤツばかりという風評が増すばかりである。

加藤良亮くん十八歳は「横回転系のフォアロングサービスを出すとよく効くので多用しているのですが、ラケットが利き腕側の乳首に当たって痛くなります。どうすればいいですか?」だそうだ。うむ、凄まじいセンスだ。本気でなければよいのだが。

細萱宏樹さん三十三歳は「逆モーションの連載が終了したら本誌を読むのをやめる勢いです」と鼻息が荒い。細萱さんにはその勢いでぜひとも本書を十冊ぐらい買ってもらいたい。

小杉隆之くん十五歳は「最初はバカバカしいなと思ってしまいましたが、今は少しクスクスと笑っています」だそうだ。やっと少しとはなんとも厳しい。

岡田俊くん十四歳は「とてもおもしろく、いつも笑いそうになっています」と、こちらもギリギリ笑ってもらえず。寸止めだ。頼むから笑ってくれ(涙)。

大門建二さん三十二歳は「面白いけど考えさせられることがあってモヤモヤします」

とあるが、このコラムにはかなり皮肉を利かせたギャグもあるので、そのように感じたとすれば正常である。

そして極めつけが、ほぼ毎月ハガキをくれる花巻市の伊藤秀己さん四十八歳だ。この方は、私のコラムの内容をほとんど無視してご自分の近況を書いてくるのだが、それが奇妙に面白い。「先日、盛岡駅前で立ちくらみを起し、救急搬送されました。意識レベルの確認で、所属と役職について根掘り葉掘り聞かれ、それを聞いてどーすると思いました。私が誰だか分かりますかという質問には混乱しました。初対面の女医の方で、仰る意味がまったくわかりませんと正直に言おうと思いましたが、病院の先生というアタマリマエの回答しかできませんでした。草々」「ゴーグルファイブの戦闘員をすることになりました。リハーサルで隊長が〃お前らのパンチは腰が入っていないな。誰か俺を殴れ。殴れないなら俺がお前らを殴る〃と言ったので〃自分がやります〃と言ったところ〃お前は子供をさらう練習をしろ〃と言われました。草々」という調子だ。何が何だかよくわからないのだが、とりあえず可笑しい。

むさ苦しい男からのハガキばかりかと思うと、中には「佐々木真奈十五歳女子」などというハガキもあるから嬉しい。ホクホク顔で読んでみると「一流選手の球を出せるマシンがあったらいいなと私も思っていました。私だったら、リ・グンサンのカット&粒アタック、蔡振華のアンチブロック、ロスコフのバックドライブ、孔令輝のストップ、王涛のバックブロック・ミート、鄧亜萍の粒アタック、朴英順のミートｅｔｃ……をつけてほしいですね」とあるではないか。ふ、ふ、ふざけるなっ！　どこにこんなこと書く女子中学生がいるーっ（笑）。

他にも「ページ数を増やしてほしい」「単行本にしてほしい」「毎日コピーをして持ち歩いています」などという熱烈なハガキが多い。ファンレターを一通見たらその裏には百人のファンがいる（ネズミか？）という。ぜひともその方々に本書を届けたいものだ。

台湾卓球紀行

昨年、仕事で一週間、台湾に行ってきた。仕事だからもちろん卓球のことなど頭になかったのだが、タクシーで台北市内を移動していたら「桌球」の文字が二度も目に飛び込んでくるではないか。中国語で卓球は乒乓球だから別の意味だろうと思ったが、運転主に聞くと桌球とはピンポンすなわち卓球のことだという。これは行くなと言う方が無理である。早速場所をメモして、最終日の夜に行ってきたのであった。

まずは「麒麟桌球」という卓球用品店だ。入ってみると、なんとも寂れた感じの店で、壁には藤井則和やバーグマン、ヘタするとそれ以前の写真のパネルが飾られていた。一九七九年頃のハンガリー男子やら一九八三年東京大会やらの写真もあり、まるで一九八〇年代で時間が止まっているかのようである。

さすがにラケットやラバーはちゃんと現代の物が置いてあってホッとした（古いのが置いてあったらそれはそれで凄いが）。ド田舎に行ってセブン-イレブンを見つけたような気持である。

ガラスケースには、キーホルダーやボールケースなどの小物が、もう何年も誰も買っていない感じで飾ってあった。これは期待できないなと思いながらも、念のため下の方に隠れているのを見せてもらうと、突然、目の前にお宝がぞくぞくと現れた。

まずは一九八九年ドルトムント大会のメダルだ。もちろん単なる土産物だが、スウェーデン男子が中国を破ったあのドルトムント大会のメダルなのだ。これが買わずにいられようか。ガラスの中に卓球台が封じ込められた灰皿もあった。タバコは吸わないので灰皿は要らないのだが、こんな粋なものを見せられたら買わないわけにはいかない。さらにニッタクの名刺入れも買った。こんなのまで買ってどうすると言われそうだが、そういう問題ではない。そして極めつけがハンガリーの三銃士、ヨニエル、クランパ、ゲルゲリーと、ステパンチッチ、シュルベク、セクレタンの写真が印刷されてあるコースターだ。こんなもん、買わずにいられる卓球マニアがいたら教えてほしい。写真は明らかに七七年バーミンガム大会のものだ。背景に写り込んでいる前原正浩・現国際卓球連盟副会長のパンチパーマがそれを証明している。こんなお宝が実に三十七年間も無造作に袋に入れられて私を待っていたのだ。素晴らしい。

「麒麟桌球」を後にした私は、次なるパラダイス「媽媽桌球倶樂部」という卓球場に向かった。それは地下にあった。入り口から階段を下りていくと、目の前に楽しげな空間が広がった。台湾の文字と色使いの雰囲気も手伝って、さながら極楽浄土にでも来たようである。こんな市街地の地底に極楽があるとはさしもの台北市民も知るまい。雑然としたカウンターは日本の卓球場と同じだ。鳥小屋のように金網で囲われた身も蓋もない実用的な卓球台もあって楽しい。

店主の女性によれば、この店はもともとは元台湾代表の桃足という彼女の母親が始めたものだそうで、今年で創立四十年だという。店名の媽媽は英語のママで、要するに「ママさん卓球クラブ」ということで、ホビープレーヤーを対象としたクラブだという。

会場にいた選手たちは、コーチの二人を含め私の相手にならなそうなへんてこなフォームだったが、店主に勧められるままに客の一人の男性と打ってみると、まったくノーミスである。最初の十本ぐらいすべて私のミスでラリーが終わるのだ。これはただ事ではないと思い、いきなり横下サービスを見舞ってやったところ、恐ろしく短く切れたストップをされてノータッチを食らった。なんだなんだなんだ。スーツに外靴だったとはいえ、これはない。試合をするとスコスコにされるのだろうという認めたくない予想が立ったので、礼を言って打つのを止めた。相手は「素晴らしく基本ができている」

と褒めてくれたが、そんなものができてもストップをノータッチでは話にならない。どこで間違えたのだろうか。

印象に残ったのは、初心者の客たちがやたらとストイックだったことだ。二十代モデル風の何不自由なさそうな女性が、コーチのマンツーマン指導におぼつかないフォームで髪を振り乱しながら動いているかと思えば、明らかに素人の父親がまだラケットにボールが当たらない息子に延々とランダムコースの多球練習を課していた。いずれも日本では馴染みのない光景であり「台湾では密かに卓球がステイタスなのかな?・」と思いかけたが「麒麟卓球」を思い出し、考えを改めた台湾の夜であった。

ラジオ出演

先日、生まれて初めてラジオ番組に出演した。文化放送というラジオ局のディレクターから電子メールで出演依頼が来たのだ。てっきり編集部の紹介かと思ったらそうではなく、担当の構成作家さんがたまたまどこかで卓球王国を手に取り、私の連載を読んだのだという。もちろん卓球経験のない方だ。これは嬉しい。

出演したのは、平日の朝七時から九時まで毎日やっている『福井謙二グッモニ』という番組で、その中の「エンタメいまのうち」という微妙なタイトルのコーナーだ。十分間の生放送で、私は「卓球コラムニスト」としての登場だが、こんな者が出ていいのだろうかと思って過去の出演者リストを見ると「替え歌ジャーナリスト」などという人が出ていたりして安心した。これなら卓球コラムニストが出ても文句はあるまい。

出演の何日か前に、構成作家さんから打ち合わせの電話をいただいた。この方は拙著『ようこそ卓球地獄へ』を完読しており、その中から興味をひいたところについて質問を受けた。卓球を知らない人が興味を持つところがわかって面白かった。なにしろのっけから「逆モーションって何ですか?」というのだから新鮮だ。当然、得意になって説明をした。

実はこの電話での会話がそのまま本番の練習のようなものになっていて、後日この会話をもとにした四ページほどの進行表が送られてきた。そこに書かれていた本番での質問に対する答を赤ペンで真っ赤になるほど書き込んで準備をした。

文化放送のスタジオは、山手線の浜松町駅のすぐ隣にあった。指定の時間に局内に入ると、放送中の番組の音声が流れていて「さすがラジオ局だ」と思うと同時に「これに俺が出るのか」と思い、いやがうえにも緊張感が高まる。

構成作家さんと放送室の隣の部屋で三十分ほど雑談をしていると私の出番になり、放送室に呼ばれた。CMの間に部屋に入って福井アナとアシスタントの水谷アナに挨拶をして席に座り、三十秒ほどするといきなり本番だ。激しく緊張し、用意したメモを隣の部屋に忘れた。余裕をかまして直前まで雑談をしていたのが敗因だ。内容は覚えているから問題ないのだが、メモを忘れた事自体に激しく動揺した。

そのようにして放送は始まり、卓球コラムニストになった経緯やら逆モーションの意味やらの質問に対して無難に答えた。事前に考えていたユーモアとしては「石川佳純選手をどう思いますか？」という質問に対して「可愛いですねえ。卓球ファンは卓球が強い女子は三倍増しで可愛く見えますからね。もう大変です」と答えるつもりだったのだが、本番では歴代選手の強さの話題の流れで「石川佳純選手ってのはどんな選手なんですか？」という微妙に違う意味の質問をされてしまい、さすがに「可愛いです」はあまりにも場違いかつ変態っぽくなるので普通に答えてしまった。

その他、特に失敗もなかったのだが、結局面白いことをひとつも言えなかったのが残念である。

とはいえ、両アナが拙著の中から「逆モーション」「粒」「アンチ」「田丸さん（！）」などの卓球用語をバンバン読み上げてくれたし、さらには「カメムシの臭いを発して相手の集中力を殺ぐ必勝法」についても紹介するという、おそらく日本ラジオ史上初の珍事を達成してくれたのであった。おまけに本書『卓球天国の扉』の宣伝もしてくれる有意義な出演であった。本番終了後、水谷アナから「訥々とした話し方からは想像できないほど本がとってもシュールで面白かったです」と言われ、自分が訥々とした話し方なのだと知った。そうなのか……。

本番前に構成作家さんとした雑談もなかなか面白かった。プロ野球はテレビ局によって放送のポリシーが違っていて、ある局はボール主義で、ある局は選手主義なのだという。これは、たとえば外野を転がるボールを追うのか塁を回っている選手を追うのかの違いで、よく見ると分かるのだそうだ。プロだ。

卓球の場合、選手とボールが近いのでそういう違いはないが、中にはボールでも選手でもなくラケットを追ってスポンジの色やグリップのレンズに注目する大バカ者（卓球王国編集部員・佐藤祐）がいるが、テレビ放送でこんなことをしたら放送事故だろう。

そんなこんなで緊張ずくめの私のラジオ初出演は終わったのだった。さて次はあるのだろうか。スケジュールはいくらでも空いているのだが。

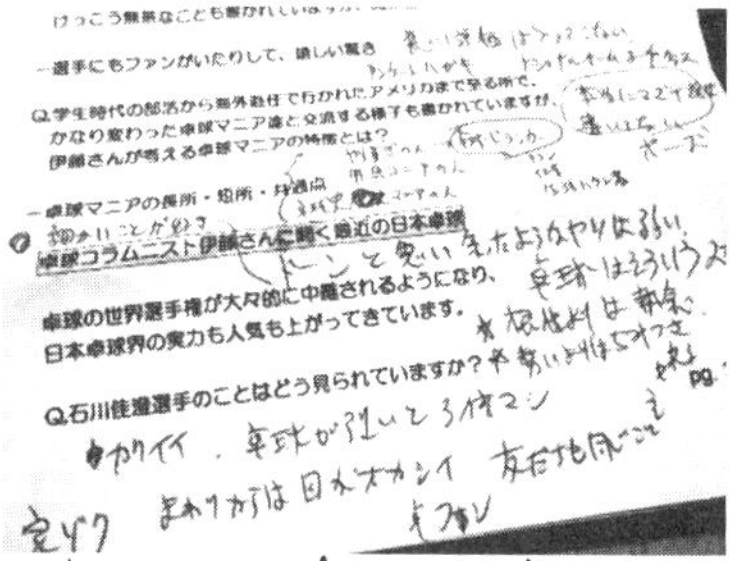

無惨にも忘れられたメモ

スポーツの**優劣**

「卓球には運動能力は要らない」という意見がときどき耳に入る。実際、中学校の部活で卓球部に入る人は運動が得意とはいえない傾向がある。それはボールが軽くてコートが狭く「体力が要らなくて簡単そうに見える」という卓球の競技特性を考えれば当然のことだ。卓球部に屈強な大男ばかりが入部してきたらそれこそ異常事態だ。

しかしだからといって卓球に運動能力が要らないということにはならない。そのスポーツを実際にどういう人たちがやっているかということと、そのスポーツに本来必要とされる能力とはまったく別の話だ。体力の衰えた年配の人たちがジョギングをしているからといってマラソンに体力が要らないことにならないし、歌が下手なのにカラオケを歌いたがる人が大勢いるのは周知のことだ。実際、卓球の一流選手たちは運動神経万能の人たちがほとんどだし、張継科や樊振東の取り返しのつかないほどに発達した大腿筋を見れば、卓球に筋力が要らないなどとは言えないだろう。

しかし、卓球の運動能力の重要度が他のスポーツより低いこともまた事実である。それは、昨今の張本智和、伊藤美誠、平野美宇といった中学生以下の選手たちの活躍を見れば明らかだ。いくら彼らの運動能力が優秀だとしても、筋力や持久力において大人より秀でているわけはない。それでも彼らが活躍できるのは、卓球が、反射速度や巧緻（こうち）性、動体視力、予測能力といったもので、筋力や持久力に対抗しうる極めて多様な競技であり、加えて「子どもである」という希少性までもが威力の一部となりうる特殊な競技だからである。

　運動能力の重要度が低いことをもって、卓球を劣ったスポーツだと考える人がいそうだが、それも違う。そもそもスポーツの優劣を運動能力だけで比較しようという考えが間

違っている。そういう考え方をしたら、すべてのスポーツは重量上げや陸上競技といったアスレチック系のスポーツに敵わず、サッカーも野球もテニスもそれらにひれ伏さなくてはならなくなる。そんな議論に意味はない。野球には野球の、サッカーにはサッカーの、卓球には卓球の必要な能力があるのであり、それがスポーツごとに異なるだけのことなのだ。

かつて一九七〇年代、日本の卓球が勝てなくなってきたころに、その原因が選手の運動能力が劣っているからだという議論があった。プロ野球選手になれるようなスポーツマンとして一流の素材が卓球選手の中にいないから世界で勝てないというのだ。確かに卓球選手の中にプロ野球の選手になれる素材はいなかったかもしれない。しかし、だからといってプロ野球選手が卓球をやっていれば卓球選手より強かったとはいえない。なぜなら野球と卓球では必要とされる能力が違うからだ。

たとえば視力。一九九六年七月九日の朝日新聞夕刊によれば、さまざまな競技の五輪選手やプロスポーツ選手を含む約二千人のスポーツ選手について、動体視力、瞬間視など、スポーツにかかわる視力、いわゆるスポーツビジョンを測定したところ、一位と二位が卓球の選手だったという。四十点満点中、遊澤亮が三十九点、渋谷浩が三十七点で、その後にJリーグの選手たちが三十五点と続いたとある。プロ野球選手たちはそれ以下だったということになる。

これは、卓球には野球とは比較にならないほど視力が重要であることを示している。たしかに卓球選手の細く小さめの体はプロ野球選手としては使い物にならないだろう。同様に、野球選手の大きな体と筋力があったとしても、目にも止まらないボールのコースと回転を見極める視力と、気の遠くなるような複雑多様な選択肢の中から最良の動作を選択・実行する判断力と巧緻性がなければ卓球選手としては使いものにならないのだ。なにしろ卓球は「全力で百メートル走をしながらチェスをするような競技（※）」なのだから。

※荻村伊智朗が『スポーツは世界をつなぐ』（岩波ジュニア親書）で「卓球は百メートル走をしながらブリッジをするような競技」と書いたのが原典。ブリッジとは欧米でポピュラーなトランプゲームのひとつ。最近では日本でより一般的なチェスに置き換えて引用されている。

アルナの衝撃

とんでもないことが起きようとしている。ナイジェリアのクアドゥリ・アルナだ。二〇一四年の十月にドイツのデュッセルドルフで行われたワールドカップで大活躍を見せたのだが、その活躍の仕方が尋常ではないのだ。予選リーグで松平健太とロシアのシバエフを破ったのみならず、決勝トーナメントでは香港の唐鵬をふっ飛ばし、準々決勝ではあろうことか張継科をあわやというところまで追い詰めた。私はその試合をITTFのウェブサイトで見たのだが、その内容は目を疑うものだった。張継科のフォアサイドをドライブでノータッチで何本も、それもときには中陣からブチ抜くのだ。その辺に転がっている卓球選手がノータッチで抜かれたってどうということはないが、相手は五輪チャンピオンで世界選手権二連覇中の張継科である。それがナイジェリアの無名選手にノータッチを連発されるのだから、張継科もベンチも顔色を失ったのも無理はない。

凄いのはスピードだけではない。普通に打っているようにしか見えないループドライブが、メチャクチャ回転がかかっているらしく、張継科や唐鵬がブロックで抑えられないのだ。唐鵬などすっかり角度を狂わされ、しまいには誰が見てもわかるナックルドライブをボトボト落とすという壊れぶりだった。

　アルナは現在二十六歳で、ポルトガルのリーグでプレーをしているが、つい九カ月前まで世界ランク二三七位の無名選手である。それがここ数カ月の活躍で二〇七人をごぼう抜きしての三十位である。一体何が起きているのだろうか。

　アルナの特徴はとにかくべらぼうな身体能力である。まず体がデカい。相対的に卓球台が小さいので、ほとんどのボールをフォアで回れるのだ。バック側に立っているのになぜかフォアサイドのボールに普通に手が届く（笑）。そのリーチを生かして、あろうことか張継科の攻撃を中陣からカウンターするのだ。もちろん動きも恐ろしく速い。フォアサイド深く逆を突かれて完全に決まったと思ったボールに床スレスレで追いついて打ち返し、張継科を唖然とさせた場面すらあったほどだ。

　黒人選手の思わぬ活躍に、デュッセルドルフの観客は大喜びで、会場は騒然となった。

　世界卓球史上、黒人の強い選手は数えるほどしかいない。もっとも有名なのは一九九〇年代半ばまで活躍したジャマイカ出身のイングランドの選手、デズモンド・ダグラスだろう。荻村伊智朗はその著書『私のスタンディング・オベーション』（日本卓球）

で、ダグラスのプレーを「やみ夜のホルムズ海峡を駆け抜けるイラン海軍の高速艇」と、いかにも荻村らしい描写をしていた。黒人選手を表現するのに普通なら「黒豹」などと書くところを人種差別に配慮してか「やみ夜」と書いてかえって異様になってしまったところが素晴らしい。おまけに「ホルムズ海峡」「イラン海軍の高速艇」という、何だかよくわからないが凄そうなことだけは伝わってくる言語センス。素晴らしい。

話がそれた。アルナが今回、張継科からノータッチを連発した理由は実は球威だけではない。他に二つの要素があった。ひとつは、前述のようにカウンターが多かったことだ。張継科の攻撃をカウンターである。はっきり言ってこれは戦術でも何でもなく「それができたら世話ない」という類の話なので参考にも何にもならない。

もうひとつは、フォロースルーを見ただけでは何を打ったのかわからないほどの奇抜なフォームだ。激しく後方に動きながらスイングをするので、転ばないように腕を頭上に振り上げるのが、逆モーションというよりは奇天烈モーションとなり不意打ちになるのだ。試合後に張継科が「アルナの卓球は理解できない」と言ったのはそういうことだろう。

アルナはフォアハンドの強烈さとは対照的に、サービス・レシーブ、台上処理、バックハンドのレベルは高くない。もしもこれらの技術が向上したら、中国でさえも勝ち目はないだろう。ナイジェリアの選手たちが一斉に目覚め、そのような選手が続出したら、世界の上位が黒人で占められるという、世界卓球史上例のない事態になるかもしれない。我々はその歴史の転換期にいるのだ。なんと血沸き肉躍ることだろう。アフリカ大陸からの世界チャンピオンの登場を心待ちにしていた荻村伊智朗が生きていたら、この光景をどんな思いで見ただろう。それを見ることができるかもしれない我々は幸せである。

こんなフォームで
張継科を
ブチ抜くのだから
たまらない

荻村伊智朗巡礼・智久会の夜

スウェーデンの卓球ジャーナリスト、クリスチャン・ヘイドールは、自分の息子のファーストネームとミドルネームを「イチロー・ステラン」としたという。かくいう私も息子に伊智朗と名付けてある。名字と名前の一文字目が同じなので本人は書くときによく間違えるらしいが、構うものか。そうまでしてこの名前をつけたかったという私の思いの過剰さが表現できて、この名字でかえってよかったと思うくらいだ。それくらい故・荻村伊智朗とは私にとって別格の存在なのである。「卓球王国」での最初の連載も、彼の著作物を紹介するものだった（第四章に収録）。

そんな縁もあり（無理やりの一方的な縁だが）、二〇〇六年の暮れ、「智久会（ちきゅう）」という会に初めて参加させていただいた。「智久会」とは、毎年暮れに開催されている、東京・吉祥寺にあった「武蔵野卓球場」にゆかりのある人たちの集まりだ。会の名前は、この卓球場の主人である上原久枝さんと、そこに少年時代から通いつめて世界に羽ばたいて行った荻村伊智朗から一字ずつとったものである。私は武蔵野卓球場とは何の関係もないのだが、荻村伊智朗に心酔している関係で（どういう関係だ）紛れ込ませていただいた次第である。

当日は早めに吉祥寺に行き、荻村が少年時代「園内の木に一本残らず登った」と語ったとされる井の頭公園に行く。どうみても登れなさそうな木が無数にある。「やっぱりハッタリだったか」と、木に登って笑っている荻村少年の姿を想像して満足する。次に、荻村が通った都立西高校に向かって井の頭通りをゆっくりと歩いた。五十七年前、高校生の荻村たちが渋谷で買った卓球台を大八車に載せて西高まで運んだ由緒ある道だ。ここはまさしく聖地であり、これは巡礼なのである。三十分ぐらい歩けば着く距離なのだが、途中に古本屋が三軒もあったために一時間以上かかる。卓球本の収集を始めて以来、古本屋には必ず入るのだが、なにしろここは聖地である。荻村が練習代を得るために母親に内緒で売り飛ばした雑誌『主婦之友』があるかもしれないと思うと（ひどい息子だ）、どうしても時間がかかってしまう。こうして道草を食いながらやっと西高についた。恐る恐る西門から構内に入る。何か言われたら「荻村伊智朗の大ファンなのです」と言えばいいのだし、こちらはスーツを着ているのだから怪しいところは何も無いはずだ、と自分に言い聞かせながらずんずん構内に入っていくが、写真を撮りまくったりしていて窓ガラスに映る自分の姿が我ながらとても怪しい。校舎が建て替えられているのは当然だが、木の一本ぐらいは昔のままかもしれないと思い、古い木を探してみたりする。卓球場の場所を誰かに聞く度胸もないので、テニス部と野球部の部活を見て我慢した。もう何でもいいのだ。

住所を頼りにタクシーで武蔵野卓球場に向かうが、場所がよくわからない。なにやら大勢の人が出入りしている家があるので「これか！」と思って飛び込んだら、引越しをしている家だった。何事だ一体（向こうのセリフだ）。看板がないのでわかり難かったが武蔵野卓球場は隣であった。卓球場で上原さんから昔の写真やら、手作りのユニフォームなどを見せてもらう。その後「吉祥寺第一ホテル」に移動し、盛大なパーティーとなった。次々と披露される荻村にまつわる思い出のスピーチを聞いていると、自分には入れない世界だということが実感され、羨ましさと寂しさを感じた。私の荻村伊智朗は永遠に活字の中にだけいるのである。

二次会は、荻村のご子息の一晃さんと、映像作家の仁禮（にれい）敏朗さんに誘われて、知る人ぞ知る卓球バー「和ん」に行く。そこは別世界であった。酒を飲みながら卓球をするというのも想像以上に新鮮だったが、有名選手がごろごろいるのに驚いた。シチズンの中野祐介選手が、全日本のラン決で水谷選手に勝つ作戦を語っているかと思えば、私の隣の男は、元東京アートで韓陽とダブルスを組んでいたという石田弘樹氏である。店長の内田雄一さんからして全日本マスターズ三十代準優勝という猛者である。岸川聖也や吉田海偉も来たことがあるという。なんちゅう店だ。「飲みながら卓球ができる店」というふれ込みだが、横に吉田海偉なんかいて卓球などできるかいっ！　午前零時を回った頃、内田店長が「裸で土下座」を賭けたハンデつき試合で中野選手に勝った。中野選手が一晃さんに小声で「本当に裸にならなくちゃダメですかね」と真顔で相談していたのが可笑しかったが、店長も店長でぜんぜん許すつもりがないらしいのも可笑しかった。卓球が強い人たち独特のこだわりの世界をかいま見たような気がした。私の連載を読んでいてファンだという人にも会った。さすが卓球バー。青い電飾が光る暗めの空間で繰り広げられる熱いラリーを不思議な気持ちで見ながら美味しい梅酒を何杯も飲んですっかり酔っ払うと、仁禮さんはいつの間にかいないし、一晃さんはべろんべろんだし、何から何まで異世界となった荻村伊智朗巡礼・智久会の夜はとりとめもなく更けて行ったのであった。

さようならピータース

二〇一五年二月の始め、アメリカ赴任時代の友人であるドクター・チョップことロナルド・ピータース（拙著『ようこそ卓球地獄へ』参照）が亡くなったと連絡があった。七十七歳だった。

思えば初めて会った二〇〇〇年十月に、すでにリンパ腫を患っていたから、それから十五年も生きたことになる。五年前には七十二歳にして私から卓球の指導を受けたいと家に呼んでくれたものだった。もっともそれは口実で、行ってみると一度も教えてくれとは言わず、延々と自分の技の解説をされたのだった。なにしろ自慢話が多いジイさんだったが、なんとも楽しそうな表情で言うものだから呆れはしたものの憎めなかった。

卓球をするとそれがさらに楽しそうな顔になり、あろうことか「ティーララララー♪」などと歌まで歌ってラリーをするのだった。ピエロみたいに踊りながらカットをすることすらあった。何十本もあるラケットをとっかえひっかえ使い、ラバーを貼っては剥がしながら卓球を楽しんだ。ピータースの住んでいたアラバマ州では、まともに卓球をする人は数えるほどしかおらず、車で一時間以上走らないと練習相手がいなかったから、たまにする卓球が楽しくて仕方がなかったのだ。

ピータースは「南アラバマ卓球クラブ（Lower Alabama Table Tennis Club）」などという大そうな名前のクラブを名乗ってウェブサイトに載せ、自宅の卓球場に卓球好きをおびき寄せていた。私もそれにひっかかったひとりだ。家について最初に案内された寝室には一冊のノートが置いてあって、過去にその部屋に泊まった人たちのメッセージが書き込まれていた。事態を悟った私は、まるで人喰い鬼婆さんの家で被害者の遺留品を発見した旅人のような気持ちになったことを懐かしく思い出す。ノートには日本語のメッセージもあったが、その人たちは今どこにいるのだろうか。卓球はしているのだろうか。愛すべき卓球ジジイがひとりこの世からいなくなってしまったことを知っているのだろうか。

ピータースは知的でユーモアあふれる人だった。初めて会ったときに彼の家にシャツを忘れ、その後連絡が途絶えていたのだが、七年後にある場所で再会したときにそのシャツを持ってきてくれた。二度と会うかどうかもわからない私のシャツを七年間も保管していて、私のものであることを忘れずに持ってきたのだ。そのときのピータースの得意気な顔が忘れられない（シャツはすっかり縮んでいて着られなかった）。

ピータースはここ一、二年は相当に体調が悪く、体重も落ちていて、銃やら鉄道模型やらを知人にあげて身辺整理をしていたという。それでも卓球への情熱は止みがたく、卓球とは接していたようだ。

「卓球がなかったら自分はとっくに死んでいる」と言っていたという。

ピータースは今ごろ天国で卓球をしているだろうか。ノー。天国などない。ピータースはただ消えたのだ。我々はまったく偶然にこの世に生を受け、その生があまりに楽しくまた煩悩に満ちたものであるが故に、ついつい永遠の命があるかのように錯覚する。ピータースはすでに思いっきり人生を楽しんだ。お金も儲け、二度も結婚をし、好きなだけ食べて好きなだけ卓球をした。天国があるとすれば、それはかつてピータースが生き、今我々が生きているこの世界なのだ。

さようならピータース。楽しい思い出をありがとう。

ありし日のピータース　(2010 年 7 月撮影)

鉄道模型のジオラマに囲まれたピータースの卓球天国
(南アラバマ卓球クラブ)

あとがき

今野編集長とのつきあいは「卓球王国」創刊前の雑誌「ＴＳＰトピックス」（ヤマト卓球）時代からになる。「ＴＳＰトピックス」は、今野さんの過激な主張とドラマチックな文体そしてマニアックな視点が魅力のカルト雑誌であり、学生時代からの私の愛読誌であった。あるとき、読者の投稿欄に「おちつけ！タマキチくん」などと勝手にタイトルまでつけた４コママンガ（本書巻末に収録）を投稿したところ掲載され、そのまま毎号、投稿欄に載るようになったのだった（読者のほとんどは連載だと思っていたようである）。その間、今野さんからいただいた手紙の中に「実は今、日本卓球界をアッといわせることをやろうとしている」という一文があった。それが「卓球王国」の創刊だった。

一九八〇年代前半から、卓球には「根暗なスポーツ」というレッテルが貼られ、その中で卓球をやってきた我々には、狂おしいほどのメジャー化への渇望（かつぼう）があった。書店に雑誌があることはまさにメジャー化の尺度のひとつであったが、バドミントンや剣道、ビリヤードにさえ雑誌があるというのに卓球の雑誌はなかったのである。それを「Tトピ」の今野さんが作るというのだから興奮するなというほうが無理である。

　創刊号発売日が近づくと「もしや」と思って近所の書店に手に汗握って（本当に手に汗をかいて！）毎日見に行った。結局発売日から二日も遅れて書店で「卓球王国」を見つけたが、それまでの長かったこと。書棚に「卓球王国」を見つけてまず感じたのは、公衆の面前で自分の名前を呼ばれたような羞恥心である。あまりに長い間、マイナースポーツの扱いを受けていたため、急に表に出るとこれが恥ずかしいのである。あれほど望んでいたメジャー化だというのになんと悲しいのだろうか。「しっかりしろ」と自分を叱咤（しった）しながらレジに持っていくときも、あたりを見渡したりして挙動不審になったことを思い出す。買ったら買ったで今度は売れ行きが気になり、やはり書店に様子を見に通った。アホですな。

　創刊号はとにかくメジャー化への決意にあふれていた。巻頭には野球やプロレスなどの卓球以外のスポーツの記事が並び、中ほどには料理の記事まであった。衝撃的だったのは浅葉克己さんのエッセイで、書道と卓球をからめた部分で「書も筆と紙の擦りだし、マックのマウスも擦りだし、セ●クスだって男女の擦りだ。」（伏字筆者）と、何の前ぶれもなく卓球雑誌にあるまじき単語が飛び出し、肝をつぶした。しかしそれさえもメジャー化への強い意思と受けとり「これは本気だ」と感心したのだから私もどうかしている。

三号が出たころに今野さんに感想の手紙を出した。激励しながらも「三号続けて愛ちゃんの表紙にはガッカリした」とか「マニアックな記事がなくTトピの良さがない」などと苦言を呈した。今野さんの返事には「卓球王国」創刊にかける覚悟が綴られていた。「借金をしながらのスタート」「ドンキホーテのような心境」などの言葉に続いて「これは卓球人のプライドを賭けた戦いみたいなものです。もし卓球王国が失敗したら、もう書店で卓球の雑誌が売られることは二度とないと思います。」とあった。私は感動に震えながら自分の甘さを恥じた。

日本で雑誌の題名に「卓球」という文字が印刷された最初は「庭球の研究（附卓球）」で大正十年のことである。以来、「卓球会報」「卓球タイムス」「卓球界」「卓球人」「卓球マンスリー」「卓球ジャーナル」など、私が知るだけでも二十二もの卓球雑誌が発行されたが、いずれも定期購読誌であった。一九八五年にひとつの節目が訪れる。初の書店売り雑誌「卓球マガジン」の創刊である。これは日本卓球協会の機関誌としてベースボールマガジン社から発行されたが採算がとれず、わずか二年で休刊となってしまう。この失敗の影響は大きく「卓球雑誌は売れない」という評判を業界に残すことになる。これが先の今野さんの悲壮な決意の背景になっているのである。

私はといえば、創刊まもない編集部にマンガの連載やらビデオ作品の企画やらを持ちかけては断られるといったハタ迷惑かつ恥知らずな活動にいそしんでいたのだった。それが今では思わぬきっかけから、このような形で誌面に参加させてもらっているのだから人生はわからないものである。

卓球王国での連載は、まず『卓球本悦楽主義』（第四章に収録）を二年やり、続けて現在の『奇天烈逆も〜ション』を八年続け、合計で十年間やっていることになる。その十年の節目となった昨年、『奇天烈逆も〜ション』をまとめた初の単行本『ようこそ卓球地獄へ』を出版してもらえるに至った。なんとか本を出せるぐらいまではとコツコツ書いてきたのだったが、まさか十年も続けられるとは思わなかったし、実のところ、それまで本を出してもらえないとも思わなかった(笑)。十年もかかるとわかっていたらとっくに挫折していたかもしれない。

書籍化が決まったとき、今野さんから書き下ろし原稿を準備するよう依頼があった。嬉しさを隠しながら妻に「卓球王国から本を出してもらえることになったんだけどさ、そのためには一本か二本……」と言いかけると「ダメ！　絶対ダメだからねっ！」となぜかものすごい剣幕だ。「ええっ？　なんでダメなんだ？」と聞くと「百万か二百万出せってことでしょ！　ダメだからねっ！」とのことだ。一本、二本って……いったいこの人は何の業界の人なのだろうか。最終的には、できるだけ多くのコラムを収録する方針となり、新たな原稿はあとがきだけとなった。カバーには本誌創刊当時に「卓球王国」に載せてもらったお気に入りの四コママンガを配し、まさに卓球づくしの一冊となった。

『奇天烈逆も〜ション』の第一回の原稿を出した時のことは今でもはっきり覚えている。それまでの連載『卓球本悦楽主義』のマニアックな面白さで私へのハードルが上がっていた今野さんから「条太さんの良さが出てない」「ありきたりの内容」と厳しい評価をいただいたのだ。私としては、最初が肝心とばかり、もっとも自信のあるネタ、いわばラブオールからしゃがみ込みサービスを出したようなものだったから、かなりのショックで、これは辛い連載になるなと思ったものだった。それは「南アラバマ卓球クラブ」という原稿で、前後編にわたる長いものだったが、結局、半分に短縮されて掲載された。それで昨年、単行本『ようこそ卓球地獄へ』を出版するとき、知らんぷりしてオリジナルの原稿を送ってみたところ誰にも気づかれずにまんまと収録させることに成功した。今野さんに真相を明かしたのは印刷が終わってからである。ワハハハ。

私の文章を読んだ人からはよく「本が好きなのでしょう」とか「国語が得意だったのでしょう」と言われるが、そうでもない。無論、中学校の国語ぐらいはできたのでその程度の素養はあると思うが、高校の現代国語からは何が何だかまったく解らず、読むものといえばギャグマンガばかりで、中でも熱中したのが、とりいかずよしの『トイレット博士』であったと言えばその程度はおわかりいただけるものと思う。

文章を読むことが面白いと思い始めたのはだいぶ遅く、大学に入ってからである。ロックに関する評論やエッセイがその最初で、大学時代を通して渋谷陽一と松村雄策が文章に関しては私のヒーローであった。大学を卒業してからは立花隆、呉智英、山本弘といった人たちの評論も読むようになって現在に至っている。小説は教養のために無理矢理読むのだが面白いと思うことはほとんどなく、読んでいるとどうしても他のことを考えたりしてなかなか前に進まない。結果、前述の人たちの同じマンガや本を繰り返し読むという、ちょっと恥ずかしいスタイルが私の読書スタイルなのである。

今回このあとがきを書くにあたってあらためて考えてみて、実は意外にも、この読書スタイルが私の作文の役に立っているのではと思い当たった。というのも、正直に言えば私の文章は、暗記するほど読んだこれらの方々の真似なのだ。下品なギャグは『トイレット博士』、強引な断定は渋谷陽一、感傷的な部分は松村雄策、論理的装いは立花隆、批判精神と駄洒落とたとえ話は呉智英、そして人を小馬鹿にした巧妙な言い回しは山本弘と言った具合だ。これらを使って私自身のオリジナルである、卓球そのものに関する情熱と考察を装飾したものが私の文章の構成要素なのである。だから彼らがいなかったら、この本はもっと違ったものになっていただろう。

卓球コラムの連載は、今では卓球そのものよりも仕事よりも優先度が高く、もはやライフワークだと思っている。面白い原稿は自分でも笑いながら書くので、家族からは「信じられない」「その感覚が理解できない」と呆れられている。しかし私に言わせればこれは当たり前なのだ。ユーモアの場合、書いた本人が可笑しくて他人が可笑しくないことはあっても、その逆はない。自分さえ可笑しくない物を他人が可笑しいわけがないのだ（バカにされている場合を除く）。自分が可笑しいものを書けなくなったらそれは書くのを止めるときである。それまでは止めろと言われるまで続けていくつもりである。

伊藤条太　二〇一五年四月

妄想と闘う
創刊の頃

マンガ『おちつけ！タマキチくん』

カット対策

趣味はドライブ

幽霊の部

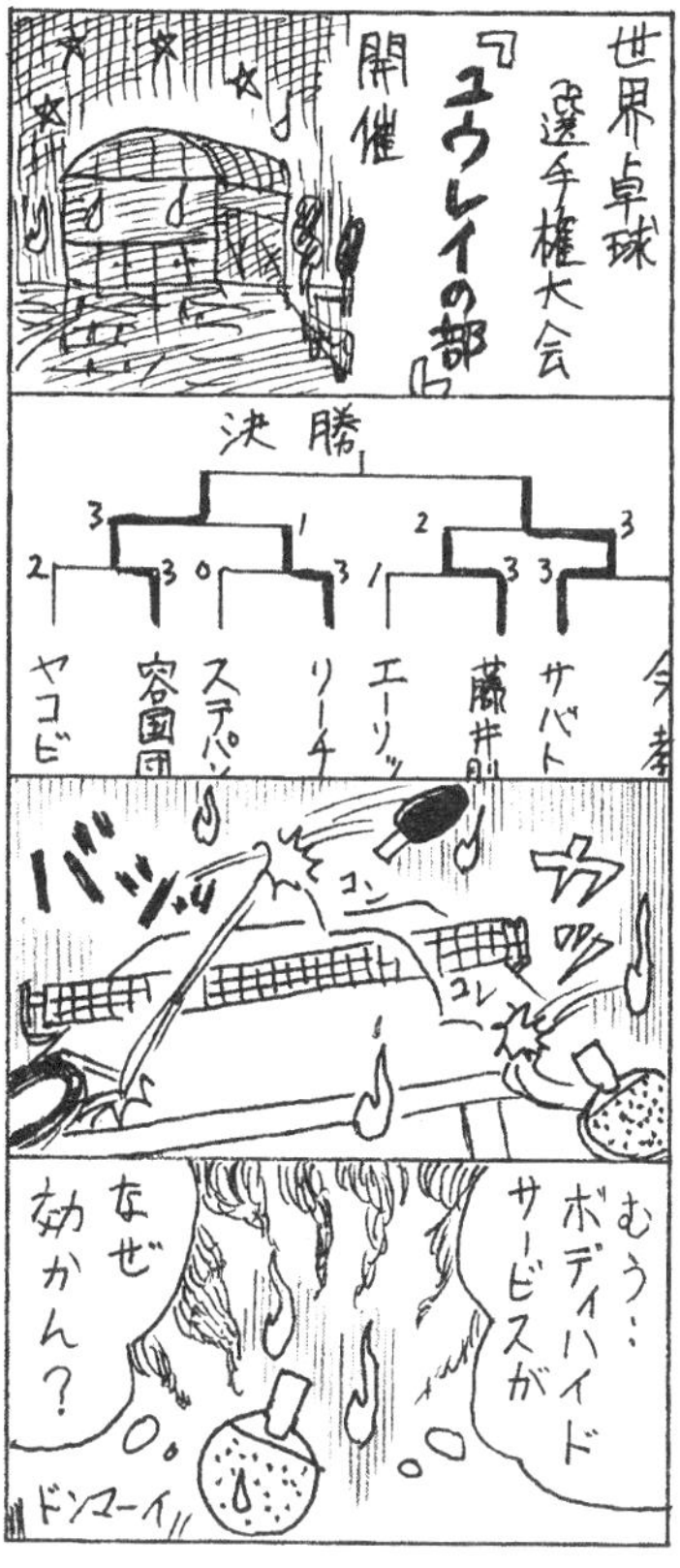

不意をつく練習

マンガ『おちつけ！タマキチくん』

イボ対策

高等戦術

好きな選手

七色のサービス

マンガ『おちつけ！タマキチくん』

親孝行

強い選手

おまけ

卓球指導マンガ『スコンク先生』

意識改革

「スウェーデンでは選手とコーチに上下関係はありません」か
なるほど
今日から先生をともだちだと思いなさい
えー
どうしてですか先生
なあ…
先生じゃないというのが
わからんかあ〜っ
バキーッ
ひい…

視力検査

えーと、上
下
これは?
ヨコ
これは?
ヨコ下
ためになるなあ
卓球は視力検査
タマキチ・全問ハズレ

卓球指導マンガ『スコンク先生』

強制力

秘密特訓

クイズ大会

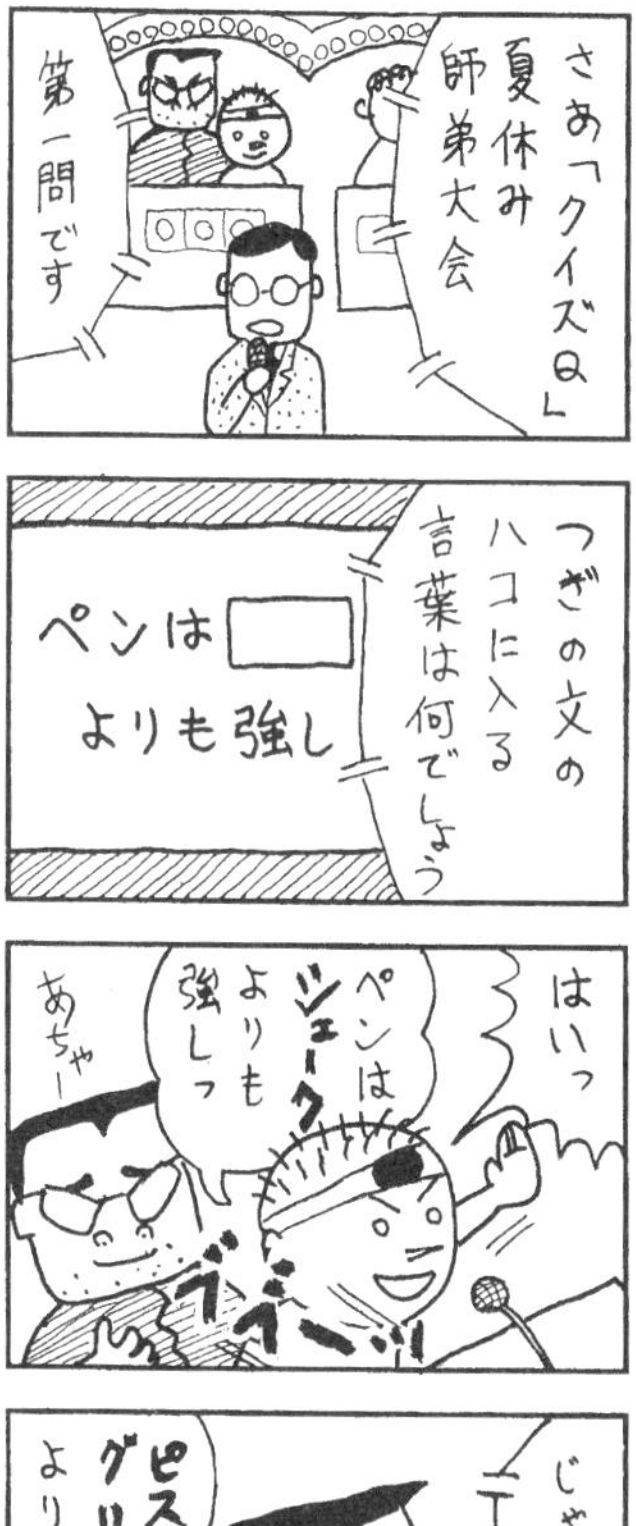

※正解は「剣より強し」です

親のアドバイス

伊藤条太

いとう・じょうた

1964年岩手県奥州市に生まれる。中一から卓球を始め、高校時代にシングルスで県ベスト8。大学時代、村上力氏に影響を受けペン表ソフトから裏ソフト＋アンチの異質反転ロビング型に転向しさんざんな目に遭う。家電メーカーに就職後、ワルドナーにあこがれシェークに転向するが、5年かけてもドライブができず断念し両面表ソフトとなる。このころから情熱が余りはじめ、卓球本を収集したり、卓球協会や卓球雑誌に手紙を送りつけたり、ウェブサイト『現代卓球』『日本超卓球協会』を作ったりするようになり“その筋”の人脈ができる。2004年から『月刊卓球王国』でコラムの連載を始め現在に至る。2008年から世界選手権での〔裏〕現地速報（卓球王国WEB内）、2013年から全日本選手権のダイジェストDVD『ザ・ファイナル』（卓球王国）の監督も担当。著書に『卓球本悦楽主義』（2013年卓球王国より電子出版）、『ようこそ卓球地獄へ』（2014年卓球王国発行）がある。全日本選手権マスターズの部に4回出場するも全国では1勝のみ。2012年から14年ぶりにシェーク裏ソフトとなり、目も当てられない両ハンドドライブをマスターしつつある。東北大学工学部応用物理学科修士卒

卓球天国の扉

2015年6月15日 初版発行

著者 伊藤条太
発行者 今野 昇
発行所 株式会社卓球王国
〒151-0072 東京都渋谷区幡ヶ谷1-1-1
TEL.03-5365-1771
http://world-tt.com
印刷所 シナノ書籍印刷株式会社

ISBN978-4-901638-48-7